Die Kraft positiver Ausstrahlung

Stephanie Barrat-Godefroy

CHARISMA IST ERLERNBAR!
DIE KRAFT POSITIVER AUSSTRAHLUNG

Übersetzung aus dem Englischen von Kirsten Nutto

FALKEN
TaschenBuch

Im FALKEN Verlag sind noch weitere Titel zu diesem Themenbereich erschienen.
Sie sind überall erhältlich, wo es Bücher gibt.

Der Text dieses Buches entspricht den Regeln der neuen deutschen Rechtschreibung.

Dieses Buch wurde auf chlorfrei gebleichtem und säurefreiem Papier gedruckt.

Original edition published by Edi Inter S. A. Switzerland
Represented by the Cathy Miller Publishing Rights Ltd., London

Deutsche Erstausgabe
ISBN 3 635 60148 9

Umschlaggestaltung: Zembsch' Werkstatt, München
Gestaltung und Herstellung: Beate Müller-Behrens
Redaktion: Simone Harland, Pegestorf/Susanne Krebs/Susanne Janschitz
Titelbild: Image Bank, München/M. Taglienti
Satz: FALKEN Verlag, Niedernhausen/Ts.
Druck: Wiesbadener Graphische Betriebe GmbH, Wiesbaden

817 2635 4453 6271

Inhalt

Das Geheimnis von Charisma und persönlicher Austrahlung

Warum fühlen wir uns von manchen Menschen sofort angezogen, während uns andere gleichgültig sind oder sogar Aversionen hervorrufen?

Warum scheinen manche Menschen unter einem „glücklichen Stern" geboren worden zu sein, während andere anscheinend ihr ganzes Leben lang vor sich hinvegetieren?

Warum sind manche Menschen bei allen Leuten beliebt, während andere überhaupt keine Freunde haben?

Wie kommt es, dass ein junges Bauernmädchen ohne eigenes Vermögen eine Armee aufstellen, einem König die Stirn bieten, ihre demoralisierten Landsleute um sich scharen und ihren Gegnern so viel Angst und Schrecken einjagen konnte, dass diese behaupteten, sie müsse mit dem Teufel im Bunde stehen? Wie konnte ein kleiner korsischer Fußsoldat, der weder von herausragender physischer Gestalt war noch eine besondere Ausstrahlung hatte, Kaiser und Herrscher über halb Europa werden?

Wussten Sie, dass 80 % der heutigen Millionäre aus der Mittel- oder Unterschicht stammen?

Wir stehen verblüfft vor Taten oder Errungenschaften historischer Persönlichkeiten oder auch Zeitgenossen – Kollegen, Freunde oder Verwandte –, die solch einen großen Einfluss auf Menschen ausüben, dass ihnen, sobald sie den Mund öffnen, jeder mit gespannter Aufmerksamkeit zu lauschen scheint, als wollte niemand sich auch nur das Geringste von dem entgehen lassen, was sie zu sagen haben. Diese Menschen besitzen etwas im Übermaß, das man als Charisma (vom griechischen Begriff „göttliche Gnadengabe" abgeleitet) oder persönliche Ausstrahlung bezeichnet. Man sagt auch, solche Persönlichkeiten verfügten über eine große „Anziehungskraft".

Charismatische Menschen scheinen sich überall wohl zu fühlen, sie wecken Optimismus und Begeisterung, sie lächeln einem zu und man vergisst seine Probleme, ihr schlichter Wunsch wird zum geheiligten Befehl.

Vielleicht haben auch Sie schon einmal versucht herauszufinden, was dieses gewisse Etwas ist, das solche Menschen besitzen, und natürlich ist Ihnen dies nicht gelungen.

Warum?

Ganz einfach – weil es überhaupt kein Geheimnis gibt! Charismatische Persönlichkeiten bemühen sich gar nicht sonderlich darum, Aufmerksamkeit, Respekt, Freundschaft oder Liebe „anzuziehen". Sie sind einfach nur sie selbst.

Charisma hat nichts mit Äußerlichkeiten zu tun. Es entspringt dem Herzen, der Seele und dem Geist eines Menschen, nicht dessen Aussehen. Wie alle wirklich großen Gaben ist es nicht fassbar und unsichtbar.

Natürlich fragen Sie sich nun, ob Charisma angeboren ist oder erworben werden kann.

Was glauben Sie? Ein Blick in die Geschichtsbücher offenbart, dass es – neben Jeanne d'Arc und Napoleon – tausende von charismatischen Menschen gab, die alle zugaben, außerordentlich hart daran gearbeitet zu haben, um jene besondere Ausstrahlung zu bekommen, mit denen sie Menschen in ihrer Umgebung beeinflussen konnten. Sarah Bernhardt litt vor ihren Auftritten häufig unter fürchterlichen Migräneanfällen und es ist kein Geheimnis, dass Lord Byron, Edith Piaf und Woody Allen außerordentlich schüchtern waren bzw. sind … und doch lernten sie alle, ihre Schüchternheit zu überwinden.

Es gibt keinen Grund, warum Ihnen das nicht auch gelingen sollte. Auch Sie können eine Persönlichkeit mit Ausstrahlung werden, jene schillernde Aura erwerben, die jedem Ihrer Worte und jeder Ihrer Gesten mehr Gewicht verleiht.

Wie? Mithilfe einer Methode, die aus mehreren Stufen besteht. Zuerst müssen Sie herausfinden, welche Persönlichkeit sie haben. Sind Sie schüchtern? Können Sie sich durchsetzen? Sind Sie glücklich, so wie Sie sind? Mangelt es Ihnen an Entschlussfreudigkeit? Sind Sie vor Lampenfieber wie gelähmt, wenn Sie vor einer Gruppe stehen? Und so weiter.

Dann lernen Sie Schritt für Schritt diese Schwachpunkte zu beseitigen. Sie wissen, dass Sie es schaffen können – denn schließlich ist es vielen vor Ihnen ebenfalls gelungen. Es gibt nichts, wofür Sie sich schämen müssten. Viele Menschen, die heute Selbstvertrauen und Charisma besitzen, waren früher genauso schüchtern und unentschlossen wie Sie es heute vielleicht sind.

Alles, was Sie brauchen, ist der feste Wille, Erfolg zu haben. Zudem müssen Sie viel üben und Durchhaltevermögen besitzen. Aber die Belohnung – die Entwicklung Ihrer Persönlichkeit – macht die Zeit, die Sie investieren, und die Anstrengungen, die Sie unternehmen müssen, wieder wett.

Welchem Persönlichkeitstyp entsprechen Sie?

Wie oft haben Sie das Wort „Persönlichkeit“ in den letzten Monaten gehört? Vermutlich mindestens ein Dutzend Mal. Man spricht beispielsweise von starken, liebenswerten, langweiligen Persönlichkeiten, manchmal sogar davon, jemand besitze gar keine Persönlichkeit.

Aber was ist Persönlichkeit überhaupt?

Unsere Persönlichkeit setzt sich aus verschiedenen Eigenschaften zusammen, deren konstantes Zusammenspiel unser Verhalten bestimmt. Deshalb umfasst unsere Persönlichkeit all unsere Vorzüge, aber auch all unsere Fehler, und eben aufgrund dieser Persönlichkeit ist jeder Mensch auf dieser Erde absolut einzigartig.

Wie entsteht eine Persönlichkeit? Über diese Frage zerbrechen sich Philosophen und Wissenschaftler seit Jahrhunderten den Kopf. Heute glaubt man, dass sich eine Persönlichkeit aus angeborenen Eigenschaften und Fähigkeiten heraus entwickelt, die wiederum durch äußere Einflüsse, vor allem in unseren prägenden Jahren, verändert werden.

Doch egal welches ererbte, kulturelle oder erziehungsbedingte „Gepäck“ Sie mit sich herumtragen – Sie sollten wissen, dass Sie Ihre Persönlichkeit jederzeit zu Ihrem Vorteil und Nutzen verändern sowie etliche Ecken und Kanten, die Sie vielleicht haben mögen, abschleifen können.

Sechs Eigenschaften, die eine Führungspersönlichkeit charakterisieren

Welche Art von Persönlichkeit besitzt eine „Führungspersönlichkeit“, also jemand, der Charisma ausstrahlt? Sechs Eigenschaften scheinen besonders ausgeprägt zu sein:

Schlichtheit

Menschen mit Charisma sind gewöhnlich schlicht und bescheiden. Arrogant sind jene, die ständig versagen. In einer Gruppe versuchen charismatische

Menschen niemals die Aufmerksamkeit auf sich zu ziehen, indem sie mit ihren Talenten, Fähigkeiten oder Tugenden prahlen.

Die Fähigkeit, anderen zuzuhören

Vor einigen Jahren schrieb eine bekannte Zeitschrift einen Wettbewerb aus. Die Leser sollten philosophische oder Lebensweisheiten mit fünfundzwanzig oder weniger Worten zusammenfassen. Ein Leser lieferte folgendes Juwel ab: „Menschen, die über sich selbst sprechen, sind Langweiler; Menschen, die über andere sprechen, sind Schwätzer; und Menschen, die über dich sprechen, sind brillante Unterhalter!"

Das ist nur allzu wahr. Wenn Sie eine anziehende Persönlichkeit werden wollen, müssen Sie zunächst lernen, wie Sie andere Leute dazu ermutigen, sich zu öffnen und über sich selbst zu sprechen. Fragen Sie nach ihrer Arbeit, ihren Hobbys etc. Geben Sie ihnen die Möglichkeit, sich Ihnen gegenüber zu öffnen.

Selbstvertrauen und Durchsetzungsvermögen

Schüchternheit (auf die wir in Kapitel 4 näher eingehen werden) ist im Prinzip keine negative Eigenschaft, solange sie nicht übertrieben ausgeprägt ist, denn eine gewisse Zurückhaltung ist notwendig, damit die eigene Privatsphäre gewahrt werden kann.

Sie sollten allerdings etwas gegen Schüchternheit unternehmen, wenn sie Sie davon abhält, mit anderen zu kommunizieren, die Stellung in der Gesellschaft einzunehmen, die Ihnen zusteht, die Leute kennen zu lernen, die Ihrer Ansicht nach die gleiche Wellenlänge haben, in mündlichen Prüfungen gut abzuschneiden oder sich in Vorstellungsgesprächen von Ihrer besten Seite zu zeigen. Charismatische Persönlichkeiten sind nicht übermäßig schüchtern, und sollten sie es einst gewesen sein, dann haben sie inzwischen gelernt damit umzugehen. Auf das „Wie" gehen wir später noch ein.

Die Fähigkeit, Entscheidungen treffen zu können

Charismatische Menschen schieben nichts auf die lange Bank, sie sind weder nachlässig noch faul. Sollten Sie dazu neigen, alles lieber vor sich herzuschieben, dann sorgen Sie dafür, dass sich das ändert. In Kapitel 8 widmen wir uns diesem Problem.

Seien Sie ehrlich: Bewundern Sie etwa Leute, die sich nie entscheiden können, die beim Gehen schlurfen oder die einen Stapel Unerledigtes von einer Woche zur nächsten vor sich herschieben? Nein, sicherlich nicht.

Versprechen halten

Für Sie ist das selbstverständlich? Dann wird es Sie überraschen, dass viele Menschen ihre Versprechen nicht halten. „Sprechen wir hier von kleinen oder großen Versprechen?“, fragen Sie vielleicht. Und genau da liegt bereits der Hase im Pfeffer: Es gibt keine „kleinen“ Versprechen!

Ein Versprechen ist ein Versprechen – ob Sie nun jemandem versprochen haben mit ihm Tennis zu spielen oder einem Freund in Not zugesagt haben eine beträchtliche Geldsumme zu leihen. Sie werden ebenso nach Ihrem pünktlichen Erscheinen zu einem Abendessen beurteilt wie danach, ob Sie Ihre Schulden zurückzahlen. Menschen mit Charisma sind Menschen, auf die man zählen kann. Sie sind wie Felsen in der Brandung – Fixpunkte in einem unbeständigen, sich stetig verändernden Universum.

Sich in seiner Haut wohl fühlen

Vorsicht! Das heißt nicht, dass Sie aussehen müssen wie Robert Redford oder Marilyn Monroe. Körperliche Schönheit hat nichts mit der Anziehungskraft eines Menschen zu tun, das dürfen Sie nie vergessen.

Präsident Roosevelt war Invalide. Cicero hatte laut Beschreibungen seiner Zeitgenossen ein abstoßendes Äußeres, weder Jeanne d'Arc noch Elizabeth I. hätten einen Schönheitswettbewerb gewonnen und auch viele der einflussreichsten Persönlichkeiten heute sind nicht sonderlich attraktiv.

Um sich in seiner Haut wohl zu fühlen, muss man seine körperlichen Nachteile ebenso akzeptieren wie seine Vorzüge, denn sie lassen sich nicht wegzaubern. Man sollte einfach das Beste daraus machen. Dies wird mithilfe bestimmter Methoden vereinfacht, durch die man lernt, wie man bei anderen Menschen besser ankommt. Im fünften Kapitel werden Sie diesbezüglich einige Tipps finden.

Nun, da Sie wissen, wie Ihre Persönlichkeit sein sollte, wird es Zeit herauszufinden, wie Sie wirklich sind! Denn nur wenn Sie genau wissen, wer Sie eigentlich sind, können Sie sich verändern und die Person werden, die Sie gerne sein möchten.

Wie Sie sich besser kennen lernen

Um sich selbst besser kennen lernen zu können, ist eines unabdingbar: Ehrlichkeit.

Sie beginnen damit, sich Ihre positiven und negativen Eigenschaften zu „beichten“ und aufzuschreiben.

Danach folgt ein kurzer Test, mit dessen Hilfe Sie überprüfen können, ob Ihre Beziehungen zu anderen Menschen zu wünschen übrig lassen. Charismatische Menschen sind weder introvertiert noch extrovertiert. Sie haben einen Weg gefunden, wie sie in ihren Beziehungen zu anderen eine Balance zwischen beidem aufrechterhalten können.

Ein guter Rat: Wenn Sie glauben, dass Sie nicht ganz ehrlich mit sich selbst sein können, wenn Sie fest davon überzeugt sind, dass Sie bestimmte Fassetten Ihrer Persönlichkeit unberücksichtigt lassen werden, weil Sie sich ihnen nicht stellen möchten, selbst wenn diese gar nicht so negativ sein mögen – dann schlage ich vor, dass Sie eine Handschriftenprobe von einem Grafologen untersuchen lassen. In dem Bericht eines Grafologen werden Ihre positiven und negativen Züge schwarz auf weiß stehen und selbst wenn Sie unangenehm überrascht sein sollten – denken Sie daran, dass wir alle jederzeit imstande sind uns zu ändern.

Wenn Sie sich Ihrer selbst oder Ihres Urteils nicht sicher sind, aber auch nicht zu einem Grafologen gehen möchten, dann bitten Sie jemanden, der Ihnen nahe steht, Ihnen zu helfen – jemanden, den Sie mögen, der aber offen seine Meinung sagt. Allerdings sollten Sie sich nicht gerade an Ihren Freund oder Ihre Freundin wenden, den/die Sie erst seit einigen Monaten kennen, denn dieser/diese wird kaum all Ihre Fehler auflisten können. Fragen Sie auch nicht Ihre Eltern. Eine Mutter oder ein Vater wird nur selten ihren/seinen Sprössling objektiv beurteilen können.

Wenden Sie sich an einen Freund/eine Freundin, den/die Sie bereits von Kindesbeinen an kennen, oder an einen alten Freund der Familie, an den Bruder oder die Schwester, an jemanden, mit dem Sie seit Jahren zusammenarbeiten, an einen alten Professor, mit dem Sie immer gut ausgekommen sind, oder an einen Therapeuten, den Sie zu einem bestimmten Zeitpunkt Ihres Lebens aufgesucht haben.

Ihre Vorzüge und Fehler

1. Listen Sie zunächst Ihre Vorzüge auf. Welche zehn – oder mehr – Vorzüge glauben Sie zu besitzen? Denken Sie in Ruhe darüber nach, lassen Sie sich Zeit und schreiben Sie dann mindestens zehn Antworten auf.

2. Listen Sie nun die Eigenschaften auf, die Sie für Ihre größten Fehler halten. Vergessen Sie nicht – Sie müssen ehrlich sein!

Es kann passieren, dass Sie die gleichen Eigenschaften in beiden Listen wiederfinden, da bestimmte Eigenschaften im Extremfall sowohl negativ als auch positiv sein können.

Ein Beispiel: Sie helfen häufig anderen Menschen. Sie sind also hilfsbereit und das ist eine beneidenswerte Eigenschaft. Aber was ist, wenn Sie so hilfsbereit sind, dass Sie nie nein sagen können? Wenn Sie zulassen, dass andere auf Ihnen herumtrampeln, dann kann sich das verheerend auf Ihr Leben auswirken.

Noch ein Beispiel: Sie sagen anderen Leuten frank und frei Ihre Meinung. Das ist ja gut und schön, aber vielleicht ist Ihre Offenheit ein Zeichen dafür, dass Sie unsensibel sind. Es kann sein, dass Sie einfach ignorieren, wie andere sich dabei fühlen, weil Sie schlichtweg übersehen, dass „man manchmal die Wahrheit besser verschweigt".

Charismatische Menschen sind alles andere als scheinheilig, sie wissen allerdings meist intuitiv, wann es besser ist, nichts zu sagen, um jemanden nicht unnötig zu verletzen.

Überdies: Seien Sie nicht zu hart zu sich selbst, wenn Sie Ihre Liste mit Fehlern durchgehen – wir alle haben welche!

Wandeln Sie Ihre Schwächen in Stärken um

Denken Sie daran, dass niemand perfekt ist und dass Perfektion, sollte sie existieren, ziemlich langweilig wäre. Und vergessen Sie nicht, dass Sie aus Ihren Schwächen Stärken machen können.

Charismatische Menschen sind Menschen wie wir alle. Sie sind weit davon entfernt, perfekt zu sein. Häufig verdanken sie ihr Charisma sogar einer Eigenschaft, die wir als negativ beurteilen würden: extremer Ehrgeiz (Napoleon), Mut bis zur Waghalsigkeit (Alexander der Große), Dickköpfigkeit und Sturheit (Jeanne d'Arc), usw.

Was Sie als Ihren größten Charakterfehler ansehen mögen, kann bei jemand anderem, den Sie bewundern, die dominierende Eigenschaft sein!

Test: Sie und Ihre Beziehungen zu anderen

Finden Sie heraus, in welche Richtung Sie Ihre Bemühungen lenken müssen, wenn Sie Ihre Beziehungen zu anderen Menschen verändern möchten.

1. In einer Gruppe

a) führen Sie häufig das Wort

b) ziehen Sie es vor, den anderen zuzuhören

2. Welchen Zeitvertreib ziehen Sie vor?

a) Tanzen

b) Lesen

3. Sie ziehen es vor, einen Abend in Gesellschaft

a) einer Person

b) einer Gruppe von Freunden zu verbringen.

4. Was würden Sie als Urlaubsziel vorziehen?

a) Acapulco

b) eine Wüste

5. Wenn jemand etwas sagt, das Sie verletzt,

a) verschließen Sie sich wie eine Auster.

b) zeigen Sie Ihren Schmerz, Ihre Enttäuschung oder Ihren Ärger sofort.

6. Wenn Sie eine Entscheidung fällen müssen,

a) vertrauen Sie Ihrer Intuition und entscheiden sich schnell.

b) zögern Sie sie hinaus.

7. Ihre Einstellung zu Geld kann folgendermaßen beschrieben werden:

a) Sie wissen nie, wie viel Sie in Ihrer Brieftasche haben.

b) Sie prüfen alle Rechnungen, um sicher zu gehen, dass sie korrekt sind.

8. Welchen Eindruck haben Sie, wenn jemand Sie einlädt und meint, Sie könnten jemanden mitbringen?

a) Das geschieht nur aus Höflichkeit.

b) Dadurch soll die Party interessanter werden.

9. Wenn Sie etwas Schönes erleben, wie verhalten Sie sich dann?

a) Sie erzählen sofort jemandem davon.

b) Sie sagen nichts, weil Sie glauben, dass es niemanden interessiert.

10. Um glücklich zu sein, brauchen Sie

a) eine Menge Leute um sich herum.

b) Ihre Bücher und Ihre CDs.

Auswertung

1. a=3, b=1	2. a=3, b=1	3. a=1, b=3	4. a=3, b=1	5. a=1, b=3
6. a=3, b=1	7. a=3, b=1	8. a=1, b=3	9. a=3, b=1	10. a=3, b=1

10 bis 15 Punkte: Sie sind introvertiert. Sie fühlen sich in einer Gruppe selten wohl und Sie treffen sich ungern mit anderen Menschen. Geselliges Beisammensein ist in Ihren Augen oberflächlich und Zeitverschwendung. Sie sind vermutlich sehr schüchtern, ziehen intellektuelle oder sportliche Aktivitäten vor, bei denen Sie nicht mit anderen Menschen in Kontakt kommen. Wie wollen Sie Einfluss auf andere Menschen nehmen, wenn Sie vor ihnen davonlaufen?

16 bis 20 Punkte: Sie haben eine ausgeglichene Persönlichkeit. Sie sind bereits auf dem besten Weg, eine Persönlichkeit mit Ausstrahlung zu werden. Sie sind gern in Gesellschaft, aber das hält Sie nicht davon ab, auch ruhige, intime Momente zu genießen. Sie werden sowohl von Introvertierten als auch von Extrovertierten gemocht. Die Beziehungen zu den Menschen in Ihrer Umgebung sind vermutlich entspannt und gegenseitig bereichernd.

21 bis 30 Punkte: Sie sind extrovertiert. Sie sprudeln über vor Energie und sind vermutlich sehr ehrgeizig. Sie müssen ständig Leute um sich herum haben. Möglicherweise finden andere Sie etwas ermüdend, arrogant, ja sogar aggressiv. Sie verbringen nicht genug Zeit allein und es ist möglich, dass Sie immer von Leuten umgeben sein müssen, weil Sie unsicher sind und zu wenig Selbstvertrauen haben. Für Sie ist es genauso wichtig wie für einen introvertierten Menschen, Ihre Schüchternheit zu überwinden und mehr Selbstvertrauen zu gewinnen sowie mehr Durchsetzungsvermögen zu entwickeln.

Sie sind einzigartig!

Auch wenn Sie eventuell einige Aspekte Ihrer Persönlichkeit verändern, um mehr Ausstrahlung zu gewinnen, ist es doch äußerst wichtig, dass Sie sich so akzeptieren, wie Sie sind.

Sie sind eine einzigartige „Sammlung" von Vorzügen und Schwächen, von ererbten Eigenschaften und erworbenen Fertigkeiten. Kein Mensch auf der ganzen Welt ist mit Ihnen identisch, selbst wenn Sie ein eineiiger Zwilling sind oder einen Doppelgänger haben, der Ihnen äußerlich aufs Haar gleicht.

Denken Sie immer daran, wenn Sie mithilfe dieses Buches versuchen eine charismatische Persönlichkeit zu entwickeln.

Zusammenfassung

Sie kennen nun die Eigenschaften, die Sie (weiter-)entwickeln müssen, um mehr Ausstrahlung zu gewinnen.

Sie haben die wichtigsten Eigenschaften analysiert, die Ihre Persönlichkeit ausmachen und kennen sich daher ein ganzes Stückchen besser als vorher.

Sie verfügen nun über die nötigen Grundlagen, um sich eine neue Persönlichkeit aufzubauen, eine, die Ihnen die Tür zu einem völlig neuen Leben öffnen wird.

Wie sehen Sie sich selbst?

Sie wissen nun, was Sie tun können, um auf andere Leute „anziehender“ zu wirken, und haben zudem eine grobe Vorstellung von den wichtigsten Eigenschaften Ihrer Persönlichkeit bekommen.

Wenn andere Menschen Sie interessant finden sollen, müssen Sie zuerst sich selbst für interessant halten. Hier kommt das „Selbstbild“ ins Spiel. Die Entdeckung, welche bedeutende Rolle das Selbstbild eines Menschen spielt, stellt eine der größten Errungenschaften der modernen Psychologie dar.

Charismatische Menschen projizieren nach außen ein Selbstbild, das mit der Realität übereinstimmt. Ihre Anziehungskraft beruht zu einem Großteil auf dieser Harmonie von Innen und Außen, die einen Teil ihres Wesens darstellt. Sie sehen sich, wie sie sind, und sie haben gelernt mit diesem Image zu arbeiten. Es umgibt sie eine Aura, die Ausgeglichenheit und seelisches Wohlbefinden vermittelt, und daher wirken sie auf andere Menschen anziehend.

Auch Sie können Ihr Selbstbild verändern! Keine Angst – es ist viel einfacher, als es vielleicht zunächst den Anschein haben mag. Es bedarf nur einiger logischer Schritte.

Was ist ein Selbstbild?

Ob Ihnen dies bewusst ist oder nicht – Sie haben ein bestimmtes Bild von sich im Kopf. Ein Bild, wie Sie zu sein glauben. Und das Schlüsselwort hier heißt „glauben“.

Wie kommt dieses Bild zustande?

Das Selbstbild kann man mit einem Puzzle vergleichen – die einzelnen Teile passen ineinander und ergeben ein ganzes Bild. So wie es bei Puzzles zwei oder drei bestimmte Arten von Teilchen gibt, die man an der Form und der Farbe erkennen kann, so setzt sich auch das Bild, das wir von uns selbst haben, aus einigen wenigen Einzelteilen zusammen, die ineinander greifen. Sie lassen sich grob in drei Kategorien einteilen:

- Körperbild: Dies ist das Bild, das wir uns von unserem Körper machen, und zwar aufgrund der Signale, die unser Körper uns gibt. Da unser Körper letztendlich das einzige Fassbare, Konkrete und Sichtbare ist, auf dem unser Urteil fußen kann, hat er den größten Einfluss auf unser Selbstbild.

▶ Erziehung: Wir sind zu einem großen Teil das Produkt unserer Erziehung. Kinder, die von ihren Eltern und Lehrern unterdrückt und eingeschüchtert werden, entwickeln eine starke Tendenz sich ihr Leben lang als minderwertig einzustufen und zu unterschätzen, auch wenn sie später durchaus persönliche Erfolge erzielen.

▶ Persönliche Beziehungen: Wir verbringen sehr viel Zeit damit, uns mit anderen zu vergleichen, vor allem in unseren ersten 30 Lebensjahren. Will man erfolgreich sein sowie Liebe und Freundschaften gewinnen, sollte man den Umgang mit Menschen meiden, die deprimiert, pessimistisch und von anderen abhängig sind, immer schwarz sehen oder ständig klagen. Suchen Sie die Gesellschaft von Menschen, die optimistisch, fröhlich und unabhängig sind und positiv denken.

Test: Welches Selbstbild haben Sie von sich?

1. Wenn jemand Ihre Einstellung kritisiert,

a) fühlen Sie sich schuldig.

b) respektieren Sie die Meinung des anderen, ohne jedoch unbedingt Ihr Verhalten zu ändern.

c) nehmen Sie einige notwendige Änderungen vor.

2. Fühlen Sie sich den Menschen in Ihrer Umgebung

a) unterlegen?

b) gleichgestellt?

c) überlegen?

3. Wenn Ihnen jemand ein Kompliment macht:

a) nehmen Sie es dankend an.

b) glauben Sie, Sie wären des Kompliments nicht würdig.

c) fühlen Sie sich verpflichtet das Kompliment zurückzugeben.

4. Wenn Sie eingeladen werden:

a) halten Sie dies für ganz normal, da Sie wissen, dass Sie eine angenehme Gesellschaft sind.

b) glauben Sie, man habe Sie nur eingeladen, weil jemand anders abgesprungen ist.

c) glauben Sie, dass andere Sie brauchen, um Spaß zu haben.

5. Die Vergangenheit

a) beschäftigt Sie nahezu ständig.

b) nimmt in Ihren Gedanken nur einen sehr kleinen Raum ein.

c) nimmt in Ihren Gedanken absolut keinen Raum ein.

6. Wenn jemand versucht Sie zu dominieren:

a) geben Sie nach.

b) leisten Sie Widerstand.

c) Das kann mir nicht passieren, denn ich bin der/diejenige, der/die immer über andere dominiert.

7. In einer Diskussion in der Gruppe:

a) führen Sie das Wort und versuchen mit allen Mitteln die anderen zu überzeugen.

b) beugen Sie sich der Entscheidung der Mehrheit.

c) sagen Sie Ihre Meinung, doch hindert Sie dies nicht daran, die Meinung anderer zu respektieren.

8. Wenn jemand Interesse zeigt, Sie näher kennen zu lernen:

a) reagieren Sie ganz natürlich.

b) versuchen Sie sich von Ihrer besten Seite zu zeigen, um den anderen zu beeindrucken.

c) ergreifen Sie die Flucht.

9. Wenn Sie befördert werden:

a) sagen Sie sich, sie hätten nur Glück gehabt.

b) glauben Sie, Ihr Chef hätte Ihre Fähigkeiten überschätzt.

c) glauben Sie, Sie hätten die Beförderung verdient.

10. Ein Freund lädt Sie zu einem Grillfest ein:

a) Sie versuchen ständig dem Gastgeber Arbeiten abzunehmen, um Ihre Einladung zu rechtfertigen.

b) Beschließen Sie, Sie seien nicht gekommen, um Leute zu bedienen.

c) Sie bringen ohne Aufforderung einen großen Salat und einen selbst gebackenen Kuchen mit.

11. Nach einem Misserfolg:

a) Sehen Sie darin einen schlüssigen Beweis für Ihre Inkompetenz.

b) Analysieren Sie Ihr Verhalten, damit Sie in Zukunft nicht noch einmal den gleichen Fehler begehen.

c) Machen Sie automatisch andere dafür verantwortlich.

12. Sie glauben,

a) dass Sie nicht zu Großem ausersehen sind.

b) dass Ihnen das Beste im Leben zusteht.

c) dass Sie mit Ihrer gegenwärtigen Situation äußerst zufrieden sind.

13. Sie halten Ihre äußere Erscheinung für:

a) überaus ansprechend.

b) einigermaßen ansprechend.

c) akzeptabel.

14. Möchten Sie gerne das Image verändern, das Sie glauben nach außen hin zu vermitteln?

a) Vollständig.

b) Teilweise.

c) Überhaupt nicht.

15. Haben Sie volles Vertrauen in Ihre Fähigkeit, Ihre Ziele zu erreichen?

a) Völlig.

b) Überhaupt nicht.

c) Das hängt von anderen ab.

Auswertung

1. a=0, b=5, c=2	2. a=0, b=5, c=2	3. a=5, b=2, c=0	4. a=5, b=0, c=2
5. a=0, b=5, c=2	6. a=0, b=5, c=2	7. a=2, b=0, c=5	8. a=5, b=2, c=0
9. a=2, b=0, c=5	10. a=0, b=5, c=2	11. a=0, b=5, c=2	12. a=0, b=2, c=5
13. a=2, b=0, c=5	14. a=0, b=2, c=5	15. a=5, b=0, c=2	

Weniger als 20 Punkte: Ihr Selbstbild ist miserabel. Sie treten wenig selbstbewusst auf und haben ständig das Bedürfnis, von anderen bestätigt und akzeptiert zu werden. Sie mögen es überhaupt nicht, über sich selbst zu sprechen, und Sie haben Angst loszulassen. Sie unternehmen keinerlei Anstrengungen, um enge Beziehungen aufzubauen.

Sie machen sich ständig Sorgen und sind schnell deprimiert. Sie gehen nur minimale Risiken ein. Vermutlich sind Sie introvertiert und haben große Schwierigkeiten mit anderen zu kommunizieren. Andere Menschen halten Sie für einen Einzelgänger, vielleicht sogar für einen Außenseiter, da es scheint, als würden Sie auf Ihr Image keinen großen Wert legen wie jemand, der bewusst die Einsamkeit sucht. In Wirklichkeit steckt hinter Ihrer selbst gewählten Einsamkeit die Angst, zurückgewiesen zu werden.

20 bis 50 Punkte: Ihr Selbstbild entspricht nicht ganz der Person, die Sie gerne wären. Sie versuchen nach außen hin Ihr Idealbild zu verkörpern, doch übertreiben Sie ziemlich, um Ihre Unsicherheit zu verbergen.
Sie möchten andere glauben machen, Sie seien ein außergewöhnlicher Mensch – bis Sie es schließlich selbst glauben. Sie sind überzeugt, dass Sie immer Recht haben und daher unfähig den Standpunkt anderer Leute zu respektieren.
Sie vertragen keine Kritik und haben eine starke Neigung andere von oben herab zu behandeln – was nicht sonderlich dazu beiträgt, lang anhaltende Freundschaften aufzubauen. Jede(r) verfügt über einige gute Eigenschaften – mit Sicherheit sind Sie nicht der/die Einzige!
Wenn Sie den Eindruck erwecken, Sie seien für die Probleme anderer zugänglich, dann nur, weil Sie Ihre Überlegenheit herausstreichen wollen. Statt charismatisch zu wirken, befremden Sie andere Menschen, vor allem ausgeglichenere, da es so aussieht, als sei mit Ihnen nicht leicht auszukommen. Umgekehrt ziehen Sie oft Menschen an, die wenig Selbstbewusstsein besitzen und schnell deprimiert sind.

Über 50 Punkte: Sie haben von sich ein gutes Selbstbild, das vermutlich der Wirklichkeit ziemlich nahe kommt. Sie scheinen sich so zu akzeptieren, wie Sie sind, und Sie versuchen zweifellos Ihre Fähigkeiten voll und ganz auszuschöpfen. Sie sind ein toleranter und ausgeglichener Mensch, der andere respektiert. Sie schließen leicht neue Freundschaften und andere tun Ihnen gern einen Gefallen. Sie gehören vermutlich der kleinen Minderheit von Menschen an, die sich in ihrer Haut wohl fühlen.
Sie haben keine Schwierigkeiten die Ziele zu erreichen, die Sie sich gesteckt haben. Machen Sie so weiter – Sie haben eines der Geheimnisse zum Glücklichsein entdeckt.

Wie Sie Ihr Selbstbild verbessern können

Bereiten Sie sich darauf vor, dass sich auf seelischer, gefühlsmäßiger und körperlicher Ebene einiges bei Ihnen ändern wird!

Übung: Befreien Sie sich von Ihrer Vergangenheit!

1. Machen Sie es sich bequem. Richten Sie es so ein, dass Sie möglichst nicht gestört werden. Legen Sie Stift und Papier bereit. Ihr negatives Selbstbild hat konkrete Ursachen, die in Ihrer Vergangenheit zu suchen sind. Schreiben Sie alles auf, was Sie an sich nicht mögen, und auch die Dinge, die Sie sich gewöhnlich vorhalten. (z.B.: Ihr Äußeres gefällt Ihnen nicht; Sie essen zu viel und haben deshalb zugenommen; Ihre Launenhaftigkeit hat Ihre Ehe zerüttet; Sie mögen Ihren Job nicht, aber Sie haben nicht den Mut zu kündigen und etwas Neues anzufangen, usw.)
2. Lassen Sie sich Zeit. Es kann ein paar Tage dauern, bis Sie Ihre Vergangenheit durchforstet und erkannt haben, was Sie stört. Schürfen Sie tief und nehmen Sie auch kleinere Details zur Kenntnis. Sie sind der/die Einzige, der/die diese Liste jemals zu Gesicht bekommt, also haben Sie keine Angst auch Dinge zu notieren, die Sie nie jemandem verraten würden, selbst unter der Folter nicht!
3. Wenn Ihre Liste vollständig ist, lesen Sie sie durch und sagen Sie dann laut: „Ich vergebe mir, ich will reinen Tisch machen. Jeder hat Schwächen – ich lasse nicht zu, dass meine mir mein Selbstwertgefühl kaputtmachen. Ich beginne eine neue Beziehung mit mir selbst. Und ich habe nun ein neues Selbstbild: Ich respektiere mich so, wie ich bin."
4. Nehmen Sie ein Streichholz oder ein Feuerzeug und verbrennen Sie die Liste feierlich oder, falls Ihnen das nicht zusagt, zerreißen Sie das Blatt in tausend kleine Schnipsel. Betrachten Sie dies als eine symbolische Handlung: Sie haben einen Schlussstrich unter Ihre Vergangenheit gezogen.

Nun zur nächsten Übung.

Wir alle haben unsere Gewohnheiten. Unsere Einstellung sowie Gefühle und Gesten sind im Laufe der Jahre Routine und ganz selbstverständlich geworden. Wir haben gelernt, dass es korrekt und akzeptabel ist, in einer bestimmten Situation so und so zu denken oder zu handeln.

Um die eigene Persönlichkeit zu verändern und sein Selbstbild zu verbessern, ist es nötig, sich von diesen Gewohnheiten zu lösen. Das ist nicht ganz einfach – man muss nämlich bewusst Entscheidungen fällen. Folgende Übung wird Ihnen dabei helfen, Ihre eingefahrenen Denk- und Verhaltensweisen zu ändern.

Übung: Reprogrammierung

1. Die meisten Menschen beginnen jeden Morgen mit einer ganz bestimmten Routine: aus dem Bett steigen, ins Bad gehen, sich waschen, anziehen und frühstücken. Versuchen Sie in den kommenden beiden Wochen für zwei dieser Aktivitäten eine andere Reihenfolge zu wählen. Wenn Sie sich beispielsweise immer vor dem Frühstück angezogen haben, versuchen Sie es zwei Wochen lang einmal umgekehrt, usw.
2. Aber das ist noch nicht alles. Während Sie diese Aktivitäten in umgekehrter Reihenfolge durchführen, sollten Sie dabei denken: „Ich beginne diesen Tag auf eine neue Art und Weise." Beschließen Sie dann ganz bewusst, dass Sie im Verlauf dieses Tages anders reagieren wollen als sonst. Sagen Sie sich beispielsweise:
„Heute werde ich ruhig bleiben, egal was passiert."
oder:
„Heute werde ich niemanden kritisieren."
oder:
„Heute werde ich alles Negative aus meinen Gedanken verbannen."
oder schlicht:
„Heute will ich so fröhlich wie möglich sein."
3. Denken Sie jeden Abend über den vorangegangenen Tag nach und nehmen Sie Ihr Verhalten genau unter die Lupe. Ist es Ihnen gelungen, das am Morgen selbst gesteckte Ziel für diesen Tag zu erreichen? Falls ja, machen Sie so weiter. Wenn nicht, beginnen Sie von vorne. Nach zwei Wochen werden Sie ein ganz neues Lebensgefühl kennen lernen.

Ihnen erscheint diese Übung zu einfach? Nun, Sie werden bald sehen, dass es alles andere als einfach ist, sich am Morgen etwas vorzunehmen und sich dann auch wirklich den ganzen Tag daran zu halten. Versuchen Sie es, dann werden Sie ja sehen.

Sein Selbstbild zu ändern heißt nicht ein aufgeblasenes Ego zu entwickeln. Im Gegenteil: Man versucht nur das „Bild im Geiste", seine Selbsteinschät-

zung zu ändern – oder, mit anderen Worten, die Vorstellung, die man von seinem eigenen Ego hat. Es bedeutet, das falsche und geringschätzige Selbstbild zu erkennen und zu ändern.
Es ist wichtig, diesen Unterschied zu kennen, wenn man sich mithilfe dieser Methode weiterentwickeln und Erfolg im Leben haben möchte. Sollten Sie irgendwelche Zweifel haben, lesen Sie dieses und das vorangegangene Kapitel noch einmal, bis Ihnen die Zielsetzung ganz klar ist.

Zusammenfassung

Dieses Kapitel ist besonders wichtig, da es um unser Selbstbild geht, d.h. darum, wie wir uns sehen bzw. wie wir zu sein glauben.

Unser Selbstbild beeinflusst unser Verhalten. Wer glaubt, er sei hässlich, der ist auch hässlich. Wer glaubt, er sei fröhlich, der ist auch fröhlich. Und wer sich für minderwertig hält, der wird auch dementsprechend behandelt.

Um Freundschaften schließen zu können, um von anderen Menschen Unterstützung zu erhalten, um in ihren Augen interessant zu sein und ausgeglichen zu wirken, muss man von sich das Bild einer interessanten und ausgeglichenen Persönlichkeit haben. Wenn Sie sich selbst nicht mögen – wie können Sie dann erwarten, dass andere Sie mögen?

Durch einen einfachen Test haben Sie herausgefunden, wie Sie sich tatsächlich sehen. Dann haben Sie zwei Übungen gemacht, die Ihnen helfen sollten Ihr Selbstbild zu ändern – zuerst rückten Sie den Dingen zuleibe, die Sie an sich nicht mochten, und schließlich haben Sie versucht, diese negativen Eigenschaften in positive zu verwandeln.

Wenn Sie die Mühe nicht scheuen, dann wird es Ihnen in etwa zwei Wochen gelungen sein, den Schleier zu heben, der bisher Ihr „wahres Ich“ verborgen hat.

Entwickeln Sie mehr Selbstvertrauen und Selbstbewusstsein

Wunderbares Selbstvertrauen

Selbstvertrauen spiegelt in erster Linie ein positives Selbstbild wider. Um Vertrauen in sich selbst haben zu können, muss man sich mögen, und um anderen zu vertrauen, muss man zuerst einmal Vertrauen in sich selbst haben.

Um andere überzeugen zu können, muss man zuerst sich selbst überzeugen. Warum haben charismatische Menschen niemals Schwierigkeiten damit, Leute um sich zu scharen? Weil sie voll und ganz davon überzeugt sind, dass das, was sie tun, richtig ist.

Sich selbst schätzen zu lernen, d.h. sich die Einstellung zu eigen machen, dass man ebenfalls ein Recht auf Erfolg hat, da man genauso intelligent, kompetent und umsichtig ist wie andere, erhöht die Aussicht auf Erfolg beträchtlich.

Selbstvertrauen jedoch ist ein äußerst flüchtiger Geselle. Es kommt und geht, ohne dass man genau weiß, warum – jedenfalls auf den ersten Blick.

Bitte beachten Sie, dass ich „auf den ersten Blick“ sagte. Warum?

Weil einige Minuten „Insichgehen“ normalerweise genügen, um herauszufinden, warum das Selbstvertrauen so urplötzlich verschwunden ist.

Selbstvertrauen ist die Grundlage für Erfolg

Wer hat nicht, als er noch zur Schule ging, den Eltern von seinen Prüfungsängsten erzählt und etwas in der Richtung „Nun, wenn du glaubst, du schaffst es nicht, dann schaffst du es auch nicht!“ zu hören bekommen?

So einfach dieser Grundsatz auch klingen mag – er sollte uns unser Leben lang begleiten wie ein Schutzengel. Denn Selbstvertrauen ist die Grundlage für Erfolg und dieser wiederum die Grundlage für noch mehr Erfolg. Wer sein Selbstvertrauen verliert, wird einen Misserfolg nach dem anderen erleben.

Um Selbstvertrauen zu bekommen – jene Art von Selbstvertrauen, das anziehende Persönlichkeiten ausstrahlen und das eines der wichtigsten Bestandteile des Charisma ist – muss man Durchhaltevermögen besitzen. Und dies zu erlangen ist nicht so schwierig, wie man zunächst vielleicht denken mag.

Erinnern Sie sich noch daran, wie Sie das erste Mal Fahrrad gefahren oder erstmals auf Rollschuhen oder Skiern gestanden haben? Vermutlich haben Sie damals vor Angst gezittert, wie die meisten Menschen. Und dennoch scheint Fahrrad fahren, Rollschuh laufen oder auch Ski fahren heute das Selbstverständlichste auf der Welt zu sein.

Können Sie sich noch an Ihre ersten Fahrstunden erinnern? Nachdem Sie schließlich mühsam gelernt hatten, wie man im ersten Gang weich anfährt – mit zusammengebissenen Zähnen und Schweißperlen auf der Stirn – lernten Sie in dichtem Verkehr zu fahren, einzuparken, am Berg anzufahren, usw. Und nun fahren Sie rein mechanisch, ohne jegliche Probleme! Heute haben Sie volles Vertrauen in Ihre Fähigkeiten als Fahrer und der Erfolg hat sich von alleine eingestellt.

Wie gewinnt man das nötige Selbstvertrauen?

Die Methode, die ich Ihnen gleich vorstelle, besteht aus zwei Phasen, die wiederum in zahlreiche Einzelschritte unterteilt sind.

Zunächst lernen Sie, wie Sie Ihren eigenen „Wert“ erkennen und sich diese „Wertschätzung“ erhalten können, dann, wie sich das positive Selbstwertgefühl, d.h. Ihr neuerworbenes Selbstvertrauen auch im Alltag erproben und bestätigen lässt.

Phase 1: (An-)Erkennen Sie Ihren eigenen Wert

Schritt 1: Erfolgsbilanz aufstellen

Listen Sie systematisch Ihre Stärken sowie die Gelegenheiten auf, in denen Sie diese zu Ihrem Vorteil eingesetzt haben. Hier einige Fragen, die Ihnen vielleicht weiterhelfen können:

- In welchen Bereichen besitzen Sie spezielle Fähigkeiten oder Talente? Das gilt für Beruf ebenso wie für Sport, Hobbys, etc.
- Welche konkreten Dinge haben Sie bereits erreicht (akademischer oder beruflicher Erfolg, Kinder aufgezogen, eine glückliche Ehe oder ein erfülltes Privatleben, Erfolg im Sport, etc.)?
- Bei welchen Gelegenheiten hatten Sie ein Erfolgserlebnis? Durchforsten Sie ihre Erinnerungen und gehen Sie möglichst weit zurück, eventuell bis in die Kindheit.
- Was schätzen andere Menschen an Ihnen?

Und so weiter. Bewerten Sie nichts als zu geringfügig. In Bezug auf Selbstvertrauen ist es ebenso wichtig zu wissen, wie man eine Briefmarkensammlung anlegt wie eine Zündkerze zu wechseln oder den Haushalt in Schuss zu halten.

Lesen Sie Ihre Erfolgsliste immer wieder durch. Tragen Sie sie bei sich und fügen Sie von Zeit zu Zeit etwas hinzu. Genießen Sie es und verinnerlichen Sie dieses positive Bild, das Ihnen diese Liste von sich vermittelt – denn dieses positive Bild sind Sie!

Schritt 2: Optimistisch sein

Hin und wieder erleben wir alle einen Misserfolg. Selbst die Bemühungen der charismatischsten Menschen sind nicht immer von Erfolg gekrönt. Doch im Gegensatz zu diesen nehmen sich die meisten Menschen Misserfolge sehr zu Herzen.

Viele Leute brüten solange über ihre Misserfolge, Rückschläge und Enttäuschungen, bis diese ihr Leben völlig dominieren! Gehören auch Sie zu diesen Menschen?

Falls ja, müssen Sie das ändern.

Zufriedene Menschen zählen ihre Erfolge und nicht ihre Misserfolge. Sie lassen Vergangenes Vergangenes sein und konzentrieren sich auf die Gegenwart sowie – natürlich – auf die Zukunft. Ihre Worte und Taten werden von leuchtendem Optimismus begleitet.

Es folgt ein kleiner Test, mit dessen Hilfe Sie feststellen können, ob Sie eher zu Pessimismus oder eher zu Optimismus neigen. Wenn Sie die Fragen ehrlich beantworten, werden Sie den Finger genau auf jenen wunden Punkt legen können, in dem sich Ihr mangelndes Selbstvertrauen am deutlichsten offenbart.

Test: Sind Sie ein Optimist oder ein Pessimist?

1. Jemand stellt Ihnen ein Glas hin, das halb mit Wasser, Wein, Saft oder etwas anderem gefüllt ist, das Sie mögen. Ihr erster Gedanke ist:

a) Das Glas ist halb leer.

b) Das Glas ist halb voll. ✓

2. Sie gehen an einem wunderschönen Haus vorbei, das dem Haus Ihrer Träume schon sehr nahe kommt. Ihr erster Gedanke ist:

a) Solch ein Haus werde ich mir nie leisten können.

b) Ich hoffe, dass die Leute, die darin wohnen, sich glücklich schätzen. ✓

3. Sie haben gehört, dass jemand in Ihrer Firma befördert werden soll, aber Sie wissen nicht wer. Ihr erster Gedanke ist:

a) Nun, ich bin's jedenfalls nicht.

b) Es besteht die Möglichkeit, dass ich der-/diejenige bin.

4. Bevor Sie morgens das Haus verlassen, bemerken Sie, dass der Himmel bedeckt ist. Was tun Sie?

a) Sie nehmen Regenmantel und Regenschirm mit, nur für den Fall.

b) Sie sagen sich, dass es im Laufe des Tages wahrscheinlich aufklaren wird.

5. Sie warten am Bahnhof auf jemanden. Der Zug kommt, doch Ihr Freund befindet sich nicht unter den Passagieren. Ihr erster Gedanke ist:

a) Er muss auf dem Weg zum Bahnhof einen Unfall gehabt haben.

b) Er muss den Zug verpasst haben. Ich werde bei ihm zu Hause anrufen, falls er dort für mich die Nachricht hinterlassen hat, dass ich auf den nächsten Zug warten soll.

Auswertung

1. Wenn Sie bei allen Fragen b) angekreuzt haben, dann sind Sie ein echter Optimist. Sie wirken auf die Menschen in Ihrer Umgebung wie ein Sonnenstrahl. Jeder schätzt Ihre optimistische Einstellung und viele Leute beneiden Sie vermutlich darum. Bleiben Sie so! Sie haben einen der Schlüssel zu Glück, Gesundheit, Weisheit und – im Hinblick auf das Thema dieses Buches noch wichtiger – zu einer charismatischen Persönlichkeit gefunden.
2. Haben Sie bei drei, vier oder fünf Fragen a) angekreuzt, dann wird es höchste Zeit für Sie, Ihr Leben, das vermutlich reichlich langweilig und unorganisiert ist, gründlich umzukrempeln. Sie sind ein Schwarzseher, pessimistisch und haben keinerlei Selbstvertrauen. Sie machen sich ständig Sorgen über alles und nichts. Und wahrscheinlich finden andere Leute Sie ein wenig deprimierend.
3. Wenn Sie bei einer oder zwei Fragen a) angekreuzt haben, sind Sie schon auf dem richtigen Weg, müssen aber noch einige Fortschritte machen. Eine pessimistische Einstellung, die man sein ganzes Leben lang mit sich herumgetragen hat, wird man nicht in wenigen Tagen wieder los. Wenn Sie jedoch Ihren Teil dazu beitragen, werden Sie feststellen, dass es gar nicht so schwer ist, optimistischer zu werden. Schon in wenigen Wochen werden Sie sich deutlich besser fühlen.

Machen Sie acht Wochen lang folgende Übung:

Übung: Selbstanalyse

1. Nehmen Sie immer ein Notizbuch und einen Stift mit.
2. Schreiben Sie in den ersten beiden Wochen alle negativen Gedanken sofort auf und notieren Sie das Datum. Solche Gedanken können sein: „Ich bekomme bei diesem Wetter garantiert einen Schnupfen" oder „Ich weiß, dass die Heizung kaputtgeht, sobald es kalt wird" oder „Ich weiß, dass mir der Schmortopf nicht gelingt, weil wir Gäste haben".
Wichtig: Wahrscheinlich werden Sie feststellen, dass Sie gegen Ende der zwei Wochen deutlich mehr Einträge machen als zu Beginn. Keine Sorge. Das bedeutet nicht, dass sich Ihr Gemütszustand verschlechtert, sondern schlicht und einfach, dass Ihnen negative Gedanken eher auffallen als früher und dass Sie sich daran gewöhnt haben, sie zu notieren, d.h. Ihnen entgeht immer weniger. Die Selbstanalyse wirkt bereits!
3. Ignorieren Sie in den folgenden beiden Wochen Ihre negativen Gedanken. Konzentrieren Sie sich ausschließlich auf Ihre positiven Gedanken und schreiben Sie diese mit Datum nieder (z.B. „Das Wetter ist herrlich. Dieses Wochenende kann ich im Garten arbeiten" oder „Ich finde, mein neuer Mantel steht mir großartig", etc.).
4. Wenn auch diese beiden Wochen vorüber sind, setzen Sie sich in ein stilles Eckchen und werfen Sie einen Blick in Ihr Notizbuch. Zählen Sie Ihre negativen Gedanken und dann die positiven. Überwiegt die Zahl der negativen Einträge, dann bedürfen Sie dringend einer kräftigen Portion Optimismus.
5. Nehmen Sie sich nun Ihre negativen Gedanken vor und ersetzen Sie einen nach dem anderen durch einen positiven. Wenn Sie beispielsweise geschrieben haben:
„So ein Mist, heute regnet's. Ich kann nicht Tennis spielen gehen."
können Sie diesen negativen Gedanken ersetzen durch:
„Ach, es regnet. Na, dann kann ich ja endlich meinen neuen Regenmantel ausprobieren."
oder
„Es regnet. Großartig! Der Garten hatte es bitter nötig."
oder

„Es regnet? Genau das Richtige, um mal Ordnung in meine Briefmarkensammlung zu bringen."

6. Beginnen Sie in der darauf folgenden Woche noch einmal von vorne und wiederholen Sie das Ganze mindestens zwei Monate lang.Wenn Sie wirklich ehrlich zu sich selbst sind und ernsthaft Ihre Gedanken notiert haben, dann sollten sich mit der Zeit die negativen und die positiven Gedanken die Waage halten. Irgendwann werden Sie mehr positive als negative Gedanken haben und einige Tage darauf merken, dass Ihre negativen Gedanken ganz verschwunden sind.

Auf diese Weise eliminieren Sie die Ängste und Zweifel, die Ihr Selbstvertrauen untergraben, sodass Sie sich schließlich keine Gedanken mehr über Dinge machen, die sowieso nie eintreffen werden.

Diese Übung ist außerordentlich wichtig für Ihren Erfolg. Lesen Sie nicht weiter, sondern beginnen Sie gleich mit dieser Übung. (Sollten Sie beispielsweise nicht daran glauben, dass diese Übung zum Erfolg führt, dann notieren Sie dies als negativen Gedanken.)

Schritt 3: Ändern Sie Ihre Einstellung zu Misserfolgen

Es gibt unzählige Sprichwörter zu diesem Thema. Hier sind zwei, an die Sie immer denken sollten:

„Wer wagt, gewinnt."

„Jeder ist seines Glückes Schmied."

Tatsächlich kann nur jemand einen Misserfolg haben, der ein Risiko eingeht, etwas wagt. Wenn Sie einen Misserfolg hatten, dann heißt das, dass Sie etwas gewagt, riskiert haben – und das bedeutet, Sie haben die Initiative ergriffen.

Nur wer etwas in Angriff nimmt, kann Erfolg haben. Also: Setzen Sie etwas aufs Spiel, nehmen Sie Risiken in Kauf und Sie werden sehen, dass Fortuna Ihnen bald hold sein wird.

Betrachten Sie alles, was Sie tun, als Spiel. Mal gewinnen Sie, mal verlieren Sie – aber kein Misserfolg kann Ihnen auch nur ein Quäntchen Ihres Selbstwertgefühls nehmen. Im Gegenteil – er beweist, dass Sie es versucht haben, dass Sie Mut gezeigt und die Initiative ergriffen haben, dass Sie dynamisch gewesen sind.

Schritt 4: Hören Sie auf alles als Misserfolg zu betrachten

Wie kann man einen Misserfolg sehen, wo keiner ist? Sie werden es bald feststellen.

Übung: Misserfolge auflisten

1. Es wird Zeit, dass Sie Ihre „Misserfolgsakte" einmal gründlich ausmisten. Erstellen Sie eine Liste Ihrer persönlichen, beruflichen, sportlichen und sozialen Misserfolge.
2. Wenn die Liste vollständig ist, analysieren Sie jeden einzelnen Misserfolg. Es ist sehr wahrscheinlich, dass in neun von zehn Fällen
der Misserfolg, den Sie sich selbst anlasten, völlig Ihrer Kontrolle entzogen war, d.h. mit Ihnen nicht das Geringste zu tun hatte.
das, was Sie als Misserfolg ansehen, gar kein richtiger Misserfolg ist, sondern schlicht und einfach Unzufriedenheit.
So machen sich beispielsweise viele Eltern Vorwürfe, weil sie glauben, bei der Erziehung ihrer Kinder versagt zu haben, z.B. ihnen nicht deutlich klargemacht zu haben, wie wichtig eine gute Ausbildung ist, weil ihre Kinder lieber surfen als zur Schule zu gehen. Wenn Sie zu diesen Eltern gehören, dann sollten Sie sich vor Augen halten, dass es das Leben Ihres Kindes ist und dass ihm freisteht, damit zu tun, was es tun möchte. Wenn es lieber surft als Logarithmen auszurechnen, dann ist das sein Problem. Dafür sind nicht Sie verantwortlich! Sie haben alles versucht, um Ihre Kinder glücklich zu machen. Mehr kann man von Ihnen als Elternteil nicht erwarten.
3. Wenn Sie die Liste Ihrer Misserfolge analysiert haben, reißen Sie sie langsam und bedächtig in tausend kleine Stücke. Tun Sie so, als wäre es eine Zeremonie, ein sehr wichtiges symbolisches Ritual. Hinterher fühlen Sie sich bestimmt wie neugeboren.

Phase 2: Bestätigen Sie sich selbst

Nun, da Sie sich von Ihrem eigenen Selbstwert überzeugt haben, sich nicht mehr unterschätzen und der Zukunft mit wachsendem Optimismus entgegensehen, wird es Zeit, Ihr neues Selbstbild in alltäglichen Situationen umzusetzen. Selbstbewusstsein fußt auf zwei wichtigen Fähigkeiten:

Zu wissen, wie man Nein sagt.

Andere wissen zu lassen, was man will.

Schritt 1: Lernen Sie NEIN zu sagen

Warum haben wir Angst davor, Nein zu sagen?

Unser Leben lang werden wir mit Menschen konfrontiert, die uns bevormunden und manipulieren wollen, die uns benutzen und ausnutzen, die versuchen Kontrolle über uns zu bekommen, sowohl über unseren Geist als auch über unseren Körper. Es liegt an uns, ihnen klarzumachen, dass wir für uns selbst verantwortlich sind und unser Leben selbst in die Hand nehmen können.

Haben Sie auch schon einmal „Ja" gesagt, wenn Sie eigentlich „Nein" sagen wollten? Seien Sie ehrlich. Die meisten von uns haben Angst Nein zu sagen.

Warum?

Angst vor Zurückweisung

Psychologen schreiben dieses Problem der Angst vor Zurückweisung zu. Wir glauben, dass wir katastrophale Folgen heraufbeschwören, wenn wir jemanden zurückweisen – wobei noch die die „geringste" ist, die Freundschaft oder Zuneigung eben jener Person zu verlieren.

Nun, das mag ja stimmen – aber wenn man ein Paar Schuhe oder eine Versicherungspolice kauft, weil der Verkäufer oder Makler unbarmherzig dazu drängt, geschieht dies dann ebenfalls aus Angst vor Zurückweisung? Schließlich kennt man diesen Menschen kaum!

Nun, das stimmt zwar, aber Psychologen haben herausgefunden, dass die meisten Menschen es generell nicht ertragen, zurückgewiesen zu werden, von wem auch immer – selbst von Leuten, die sie nicht mögen oder kaum kennen. Interessant, nicht wahr?

Menschen, die nicht Nein sagen können, fürchten (o Graus!) für selbstsüchtig gehalten zu werden – wenn sie sich beispielsweise weigern an Weihnachten 25 Gäste zu bewirten und zu unterhalten oder für ihre Kinder Chauffeur zu spielen oder regelmäßig unbezahlte Überstunden zu machen, nur um dem Chef einen Gefallen zu tun. Und was folgt aus dieser Haltung?

Staut sich Groll auf?

Wenn Sie nie gelernt haben, Nein zu sagen, dann hat sich bei Ihnen tief drinnen bestimmt schon eine Menge Groll aufgestaut. Mit Sicherheit haben Sie das Gefühl, ausgenutzt zu werden, dass jeder Sie um einen Gefallen bittet, weil Sie immer Ja sagen …

Nun, es wird Zeit, diesen Groll loszuwerden, der Sie innerlich vergiftet!

Charimatische Menschen lassen es nicht zu, dass jeder auf ihnen herumtrampelt. Menschen wie Napoleon, Roosevelt, Washington und Ghandi, um nur einige zu nennen, waren definitiv nicht leicht umzustimmen. Es war schon eine gute Argumentation vonnöten, um sie zu überzeugen, und mit Sicherheit wussten sie, wie sie ihr Selbstbewusstsein stärken konnten. Warum sollten wir es ihnen nicht nachmachen?

Wie man Nein sagt

Achten Sie darauf, keinerlei Anzeichen von Missfallen wie Seufzer, Geschrei, Tränen etc. zu zeigen. Nein zu sagen bedeutet nicht, dass man mit der Faust auf den Tisch haut. Man muss nur standhaft bleiben.

Fünf goldene Regeln zum Neinsagen

Hier einige goldene Regeln zum Neinsagen – Sie werden bald feststellen, wie wirksam diese sind.

1. Hören Sie dem anderen aufmerksam zu und lassen Sie sich Zeit über seine Bitte nachzudenken, bevor Sie eine Antwort geben. Wenn Sie beispielsweise jemand anruft und Sie bittet mit ihm einkaufen zu gehen, Sie jedoch nicht genau wissen, ob Sie wirklich Lust dazu haben, dann können Sie höflich antworten: „Ich muss darüber nachdenken. Ich rufe dich in ein paar Minuten zurück.“

2. Bleiben Sie bei der Wahrheit. Keine lahmen Ausreden, keine Ausflüchte oder Vorwände, die Sie doch später wieder vergessen werden, keine Lügen, die Ihr Leben verkomplizieren.

3. Ihre Antwort sollte taktvoll und überlegt sein. Nein zu sagen bedeutet nicht, jemanden niederzumachen. Werden Sie beispielsweise gebeten zu einem Treffen zu kommen, wäre es diplomatischer zu sagen: „Danke, dass Sie an mich gedacht haben, aber ich glaube kaum, dass ich dazu Zeit habe.“ statt „Ich habe keine Lust. Für mich wäre das nur Zeitverschwendung.“

4. Machen Sie nicht den Fehler, sich auf einen Streit einzulassen, vor allem nicht, wenn der andere aggressiv wird. Bleiben Sie ruhig und lächeln Sie. Das sind die besten Waffen gegenüber jenen, die vorgeben von Ihrer plötzlichen Weigerung, ihren Wünschen entgegenzukommen, schockiert zu sein. Sie müssen keine überflüssigen Erklärungen abgeben. Lächeln Sie einfach und sagen Sie „Nein".

Ein Beispiel: Ihr Ehemann oder Ihre Ehefrau kommt von der Arbeit und verkündet, dass er oder sie am Samstag einen Kollegen zum Abendessen eingeladen hat. Er / sie weiß, dass Sie sich sehr darauf freuen, am Samstagabend auszugehen – ins Theater oder ins Kino – und so wird er / sie versuchen Sie zu überreden sich das Ganze noch einmal zu überlegen. Wenn Sie wirklich ins Kino oder Theater gehen wollen, dann gibt es keinen Grund, warum Sie es nicht tun sollten. Lassen Sie sich nicht auf eine langwierige Diskussion ein, die sich zu einem handfesten Streit entwickeln kann, bei dem Sie beide Dinge sagen, die Sie hinterher bereuen. Wiederholen Sie einfach, so ruhig und höflich wie möglich, Ihren Wunsch an jenem Abend auszugehen. Ihr(e) Partner(in) kann seinen / ihren Gast selbst unterhalten. „Nun, dann muss er / sie meine Abwesenheit ja irgendwie erklären", höre ich Sie jetzt sagen. Das ist sein / ihr Problem, nicht Ihres.

5. Entschuldigen Sie sich nicht. Es gibt keinen Grund, warum Sie sich eine Entschuldigung ausdenken müssten, nur weil Sie zu jemandem Nein gesagt haben. Das ist Ihr absolutes Recht als Individuum. Wenn Sie sich entschuldigen, machen Sie sich klein, zeigen Sie Ihre Angst und erwecken bei dem anderen den Eindruck, er könne Ihre Barrieren durchbrechen und Sie dazu bewegen, Ihre Meinung zu ändern. Dies führt unweigerlich zu einer Diskussion, in deren Verlauf Sie vielleicht nachgeben, nur um Ihre Ruhe zu haben. Pech!

Doch sollte man nun nicht gleich den Mut verlieren: Fachleute behaupten, dass das erste „Nein" das schwierigste sei. Wenn man erst entdeckt hat, dass die erste Weigerung keinen Weltuntergang heraufbeschworen hat, dann fällt es beim zweiten Mal leichter, Nein zu sagen. Also – worauf warten Sie noch?

Schritt 2: Lassen Sie andere wissen, was Sie wollen

Warum?

Weil Selbstbewusstsein auch bedeutet, andere um etwas zu bitten. Ein beliebtes Sprichwort mag dies vielleicht verdeutlichen: „Geben ist seliger denn nehmen."

Jeder mag es zu geben. Es schmeichelt dem Ego, stärkt unser Selbstwertgefühl und gibt uns ein tiefes Gefühl der Befriedigung. Aber wenn man um nichts bittet, riskiert man es, übergangen zu werden.

Andere Menschen können nicht immer erraten, was man von ihnen erwartet. Und natürlich sind sie in keiner Weise verpflichtet zu erraten, was Sie wollen. Selbst Ihr Ehepartner, Ihre Eltern oder Ihre engsten Freunde können nicht hundertprozentig genau wissen, was in dem Moment, in dem Sie etwas wünschen, in Ihrem Kopf vorgeht.

Wollen Sie an Ihrem Geburtstag eine kleine Party haben? Lassen Sie es die anderen wissen. Ihre Freunde und Ihre Familie werden nur zu gern eine kleine Überraschung für Sie organisieren! Wenn Sie andererseits jedem erzählen, dass Geburtstage Ihnen nichts bedeuten, dass Sie bereits aufgehört haben zu zählen, usw., dann dürfen Sie nicht überrascht sein, wenn Ihr Partner vergisst Ihnen ein Geschenk zu machen!

Einmal angenommen, in Ihrer Firma wird eine neue Stelle geschaffen, an der Sie großes Interesse haben. Warten Sie nicht, bis sie Ihnen angeboten wird. Gehen Sie zu Ihrem Vorgesetzten und lassen Sie ihn wissen, was Sie wollen. Erklären Sie, wie Sie in dieser Position handeln würden und warum Sie glauben, dafür besonders geeignet zu sein.

Selbstaufopferung und Bescheidenheit mögen christliche Tugenden der Nächstenliebe sein, aber seien Sie versichert, dass diese Tugenden Napoleon niemals an die Macht gebracht, Ronald Reagan zu zwei Amtszeiten im Weißen Haus verholfen oder Bill Cosby zum reichsten Schauspieler aller Zeiten gemacht hätten!

Welche Forderungen fallen Ihnen am schwersten? Überdenken Sie einmal Ihr Familien-, Gesellschafts-, Berufs- und Sexualleben und prüfen Sie, welche Forderungen Ihnen am schwersten fallen.

Versuchen Sie nun diese Forderungen zu formulieren. Beginnen Sie mit der einfachsten und arbeiten Sie sich bis zur schwierigsten vor. Verwenden Sie dabei die erste Person („Ich …“). Schreiben Sie die Forderungen auf und lesen Sie sie von Zeit zu Zeit wieder durch.

Lernen Sie etwas anzunehmen. Wenn Sie etwas erreicht haben, was Sie sich wünschten, ist der Moment gekommen, in dem Sie es auch dankend annehmen müssen.

Rufen Sie sich ins Gedächtnis, wie bestimmte Leute reagiert haben, als Sie ihnen ein schönes Geschenk übergaben: „Oh, du bist verrückt! Du hättest doch nicht so viel Geld ausgeben müssen! Ich brauche das wirklich nicht …“

Was könnte deprimierender sein?

Sie fühlen sich nicht nur lächerlich und sind verletzt, Sie fühlen sich auch wie ein Idiot, weil Sie so viel Geld für ein Geschenk ausgegeben haben, das nicht einmal geschätzt wird und das Sie nicht zurücknehmen können.

Überdenken Sie nun einmal in Ruhe, bei welchen Gelegenheiten Sie selbst auf die gleiche Weise reagiert haben, wenn jemand Ihnen etwas geschenkt oder etwas für Sie getan hat.

Beim Nehmen muss man genauso großzügig sein wie beim Geben. Wenn jemand Ihnen etwas geben oder etwas für Sie tun möchte, dann zeigen Sie, wie sehr Sie dies schätzen. Sie werden den anderen glücklich machen, er oder sie wird Ihnen auch in Zukunft gerne wieder einen Gefallen tun und Sie werden in der Achtung der anderen immens steigen.

Zusammenfassung

Die in diesem Kapitel vorgestellte Methode hilft Ihnen dabei herauszufinden, was Sie zur Stärkung Ihres Selbstvertrauens tun müssen. Nachdem Sie die einzelnen „Bestandteile", aus denen sich Selbstvertrauen zusammensetzt, kennen gelernt hatten, erstellten Sie eine Liste mit Ihren Erfolgen, die Sie nun immer zur Hand haben und die Sie von Zeit zu Zeit ergänzen können.

Sie wissen nun, wie wichtig Optimismus für eine charismatische Persönlichkeit ist. Wenn Sie glauben eher zu Pessimismus zu neigen, dann gehen Sie unverzüglich dagegen an. Zur Belohnung werden Sie glücklicher, gesünder und charismatischer sein.

Sie wissen nun auch, dass Sie diese anziehende Persönlichkeit, die Sie immer sein wollten, nur werden können, wenn Sie genügend Selbstvertrauen entwickeln – und dies hängt primär davon ab, dass Sie Nein sagen können.

Sie kennen nun den Grund, warum es so schwer ist, Nein zu sagen: aus Angst zurückgewiesen zu werden oder als selbstsüchtig zu gelten. Es ist durchaus möglich, Nein zu sagen ohne jemanden zu verletzen – man muss diplomatisch und feinfühlig vorgehen, dabei aber fest und entschlossen bleiben.

Und Sie müssen lernen anderen mitzuteilen, was Sie wollen. Niemand kann wissen, was in Ihrem Kopf vorgeht, also warten Sie nicht, bis andere erraten haben, was Sie wollen. Sagen Sie es ihnen und Sie werden es bekommen.

Überwinden Sie Ihre Schüchternheit und entwickeln Sie mehr Selbstbewusstsein

Ist es Ihnen nicht auch schon passiert, dass Sie plötzlich rot wurden, anfingen zu zittern oder Herzklopfen und weiche Knie bekamen, wenn Sie einem Kollegen, Ihrem Chef, einem Lehrer, einem Polizsten oder einfach nur jemandem vom anderen Geschlecht gegenüberstanden?

Schüchternheit und Unsicherheit sind häufig die Ursache von bizarren Ängsten und können in jedem Alter auftreten. Sie rufen Alpträume und Verdauungsprobleme hervor – und letztendlich, wenn der Moment vorüber ist, an dem man stark und sicher hätte sein müssen, auch unendliches Bedauern.

Glauben Sie, in Ihrem Fall bestünde keine Hoffnung mehr?

Dann liegen Sie falsch. Gegen Schüchternheit und Unsicherheit kann man etwas tun. Vermutlich wissen Sie nicht, dass die meisten Psychologen, die etwas über dieses Thema veröffentlicht haben, früher selbst sehr schüchtern waren. Aber wer könnte wohl mehr Interesse an dem Thema haben und hunderte von Seiten darüber schreiben als jemand, der selbst schüchtern ist oder war?

Wer noch nie unter Schüchternheit zu leiden hatte, wird nie verstehen können, wie sehr sie unser Leben und unser Glück beeinflussen kann.

Selbstsicherheit, Selbstvertrauen und Redegewandtheit sind die wichtigsten Eigenschaften einer anziehenden Persönlichkeit. Wenn Sie sich aufgrund Ihrer Schüchternheit hinter einem „Panzer“ verkriechen, dann verpassen Sie viele schöne Dinge im Leben. Werfen Sie den Panzer ab – auch für Sie besteht Hoffnung auf ein erfülltes und zufriedenes Leben.

Test: Welcher „Schüchternheitstyp" sind Sie?

Das ist kein Scherz. Es gibt verschiedene Arten und Grade von Schüchternheit. Dieser Test wird Ihnen helfen herauszufinden zu welchem Typ Sie gehören.

1. Sie werden zu einer Party eingeladen, an der noch dreißig andere Gäste teilnehmen. Sie kennen nur einen von ihnen.

a) Sie weichen dieser Person den ganzen Abend nicht von der Seite.

b) Sie plaudern mit zwei, drei anderen Leuten, die sich offensichtlich auch etwas alleine fühlen.

c) Sie schlendern von Gruppe zu Gruppe und nehmen die Gelegenheit wahr, neue Bekanntschaften zu schließen.

2. Sie haben ein Vorstellungsgespräch für eine neue Stelle.

a) In der Nacht zuvor tun Sie kein Auge zu.

b) Sie haben Schwierigkeiten einzuschlafen, da Sie überzeugt sind, dass die anderen Bewerber eine bessere Chance haben, die Stelle zu bekommen.

c) Sie schlafen sehr gut, da Sie fest auf Ihre Fähigkeiten und Qualifikationen vertrauen.

3. Sie kommen zu spät zu einer Konferenz und bemerken, dass der Eingang sich genau gegenüber dem Publikum befindet.

a) Sie gehen direkt hinein.

b) Sie warten auf dem Flur auf einen anderen Nachzügler und schlüpfen hinter ihm hinein.

c) Sie warten eine kleine Pause ab und gehen dann hinein.

4. Während einer Diskussion in der Gruppe werden Sie gebeten Ihre Meinung über ein Thema zu äußern, das Ihnen vertraut ist.

a) Sie fühlen sich unwohl, weil alle Sie ansehen, doch Sie schaffen es, eine annehmbare Erklärung hervorzubringen.

b) Sie fühlen sich überrumpelt und sind nicht imstande zusammenhängende Sätze zu formulieren.

c) Sie geben eine klare und präzise Stellungnahme ab, ohne sich im Mindesten verlegen zu fühlen.

5. Bei einer Konferenz werden die Teilnehmer gebeten ihre Meinung zu äußern.

a) Sie ergreifen nie das Wort, da Sie überzeugt sind, Sie hätten nichts Wichtiges zu sagen.

b) Sie melden sich zu Wort, wann immer Sie einen Vorschlag zu machen haben.

c) Sie melden sich und sagen ein paar auflockernde Sätze, bevor Sie Ihre Meinung klar und präzise äußern.

6. Die Ansichten und Meinungen Ihrer Kollegen

a) veranlassen Sie ab und an den anderen zuliebe Ihre Meinung zu ändern.

b) perlen an Ihnen ab wie Wasser.

c) halten Sie oft vom Schlafen ab.

7. Sie stehen in einer Warteschlange und ein paar Leute drängeln sich vor.

a) Sie stellen sich automatisch wieder vor sie.

b) Sie bitten Sie höflich, aber fest sich nicht vorzudrängeln.

c) Sie haben Angst, die anderen könnten aggressiv werden, und sagen nichts.

8. Sie diskutieren mit einer Gruppe von Fachleuten über ein Thema, von dem Sie nicht viel Ahnung haben.

a) Sie sind sehr beeindruckt und fühlen sich etwas minderwertig.

b) Sie sagen nicht viel, da Sie mit dem Thema nicht sonderlich vertraut sind, aber Sie fühlen sich nicht unterlegen, weil Sie wiederum auf anderen Gebieten über Fachwissen verfügen.

c) Sie geben zu, keine große Ahnung zu haben, lassen die anderen aber wissen, dass Sie gerne etwas dazulernen würden.

9. Sie befinden sich in einer Gruppe von Leuten, die reichlich snobistisch sind.

a) Sie geben zu verstehen, dass Sie sich nichts vormachen lassen.

b) Sie versuchen genauso snobistisch zu sein wie die anderen.

c) Sie sind beeindruckt. Sie sagen nichts aus Angst, sich lächerlich zu machen.

10. Ihr Chef macht Ihnen plötzlich Vorhaltungen, weil Sie etwas getan haben, das er Ihnen selbst aufgetragen hat.

a) Sie entschuldigen sich und bekommen ein schlechtes Gewissen.

b) Sie entschuldigen sich und erklären, Sie hätten seine Anweisungen nicht richtig verstanden.

c) Sie erinnern ihn höflich, aber fest an seine Anweisungen.

11. Sie sitzen im Wartezimmer eines Arztes, der sich auf sexuell übertragbare Krankheiten spezialisiert hat.

a) Sie fragen sich, was die anderen Leute wohl von Ihnen denken.

b) Sie verhalten sich wie in jedem anderen Wartezimmer auch.

c) Sie versuchen die anderen Patienten wissen zu lassen, dass Sie nicht „diese Art“ von Problemen haben.

12. Tragen Sie eine Sonnenbrille?

a) Nie.

b) Manchmal.

c) Sehr häufig.

13. Wenn Sie eine Rede oder einen Vortrag halten sollen, dann

a) konzentrieren Sie sich nur auf Ihre eigene Rede und hören den anderen Rednern gar nicht zu.

b) hören Sie den anderen mit halbem Ohr zu, sind aber abgelenkt.

c) hören Sie den anderen aufmerksam zu und passen Ihre Rede dem zuvor Gesagten an.

14. Sie haben das Gefühl, dass andere Leute

a) Sie wie einen Gleichgestellten behandeln.

b) Sie herablassend behandeln.

c) sich über Sie lustig machen.

15. Wenn Ihnen jemand ein Kompliment macht,

a) fühlen Sie sich unwohl und murmeln ein paar unverständliche Worte.

b) geben Sie das Kompliment an jemanden weiter und wechseln schnell das Thema.

c) danken Sie demjenigen, der Ihnen das Kompliment gemacht hat.

16. Wenn jemand etwas Hässliches über sie sagt,

a) sind Sie nicht imstande eine passende Antwort zu geben und bedauern dann die nächsten zwei Stunden lang, dass Ihnen im geeigneten Moment nichts eingefallen ist.

b) fühlen Sie sich zurückgewiesen, missverstanden und ungeliebt.

c) schießen Sie sofort zurück.

17. Glauben Sie, dass andere wissen, wie schüchtern und gehemmt Sie sind?

a) Ein bisschen schon.

b) Mit Sicherheit.

c) Gar nicht.

18. Wenn jemand, den Sie nicht kennen, neben Ihnen die Stimme hebt, dann

a) bekommen Sie sofort ein schlechtes Gewissen.

b) denken Sie, der-/diejenige sollte lernen sich besser zu beherrschen.

c) lachen Sie, weil Sie wissen, dass es nicht Sie betrifft.

19. Im Urlaub lädt jemand Sie ein seiner Gruppe beim Abendessen Gesellschaft zu leisten.

a) Sie lehnen ab, da Sie die Leute nicht kennen, und sitzen schließlich alleine beim Essen.

b) Sie lehnen zunächst ab, fühlen sich dann aber verpflichtet anzunehmen, weil der andere darauf besteht.

c) Je nach Lust und Laune akzeptieren Sie oder lehnen Sie ab, ohne sich jedoch groß den Kopf darüber zu zerbrechen.

20. Ihre Schüchternheit und Unsicherheit

a) hindert Sie daran, das zu sagen, was Sie denken.

b) veranlasst Sie Dinge zu sagen, hinter denen Sie gar nicht stehen.

c) hindert Sie nicht daran, Ihre eigene Meinung zu äußern.

Auswertung

1. a=5, b=3, c=0	2. a=5, b=3, c=0	3. a=0, b=3, c=5
4. a=3, b=5, c=0	5. a=5, b=0, c=3	6. a=3, b=0, c=5
7. a=3, b=0, c=5	8. a=5, b=3, c=0	9. a=0, b=3, c=5
10. a=5, b=3, c=0	11. a=5, b=0, c=3	12. a=0, b=3, c=5
13. a=5, b=3, c=0	14. a=0, b=3, c=5	15. a=5, b=3, c=0
16. a=3, b=5, c=0	17. a=0, b=5, c=3	18. a=5, b=3, c=0
19. a=3, b=5, c=0	20. a=5, b=3, c=0	

70 bis 100 Punkte: Sie sind äußerst schüchtern und gehemmt. Vermutlich haben Sie längst aufgegeben Ihre Hemmungen und Ihre Unsicherheit zu überwinden, die Sie bisher daran gehindert haben, Glück und Erfüllung zu finden. Andere Menschen finden Sie wahrscheinlich ganz nett, wenn auch ein wenig reserviert und unnahbar. Sind Sie mit Leuten zusammen, die Sie nicht kennen, verhalten Sie sich kühl und abweisend, um Ihre Schüchternheit zu tarnen, was andere jedoch leider als Arroganz interpretieren.

40 bis 70 Punkte: Sie sind zwar schüchtern, aber es gelingt Ihnen meist, dies zu verbergen. Nach außen hin treten Sie selbstsicher auf und versuchen anderer Leute Respekt zu gewinnen. Das funktioniert in der Regel ganz gut und wer Sie nicht näher kennt, lässt sich davon auch täuschen. Sie verfügen sicherlich über eine ganze Palette kleiner „Tricks", die Sie selbstsicher und selbstbewusst erscheinen lassen.

Weniger als 40 Punkte: Sie sind gelegentlich einmal unsicher oder schüchtern, doch dies hat keinen negativen Einfluss auf Ihr Leben. Sie haben gelernt, damit umzugehen, sodass Ihnen keine größeren Probleme daraus erwachsen. Vermutlich haben Sie mit den Jahren mehr Selbstsicherheit gewonnen oder Erfolgserlebnisse haben Ihnen zu einem positiven Selbstbild und mehr Selbstvertrauen verholfen.

Schritt 1: Den „Feind" identifizieren

Um einen Feind bekämpfen zu können, muss man zuerst wissen, wer oder was es ist. Deshalb soll Ihnen die erste Übung dabei helfen, Ihre Schüchternheit einmal objektiv zu betrachten. In den nächsten Tagen werden Sie sich und Ihr Verhalten so nüchtern und objektiv beobachten wie ein Wissenschaftler ein interessantes Tier, das seit Millionen von Jahren als ausgestorben galt.

Übung: Aufspalten der Persönlichkeit

1. Machen Sie es sich vor einem Spiegel bequem und betrachten Sie sich aufmerksam. Tun Sie so, als sei die Person, die Ihnen entgegenblickt, ein völlig Fremder. Beobachten Sie sich neugierig. Nehmen Sie das Bild in sich auf. Es muss Ihnen immer präsent sein.
2. Von nun an werden Sie sich in zwei Persönlichkeiten aufspalten: in einen „Schauspieler", der den Alltag bewältigt, und in einen „Beobachter", der am Rand steht und sorgfältig alle Bewegungen und Gesten beobachtet. Versuchen Sie sich selbst zu sehen, genau wie Ihr Bild im Spiegel. Verlieren Sie sich nie aus den Augen!
3. Nehmen Sie in den folgenden zwei Wochen immer ein Notizbuch und einen Stift mit.
4. Beobachten Sie sich die beiden kommenden Wochen beim Aufstehen, Anziehen, Frühstücken und auf dem Weg zur Arbeit. Beobachten Sie sich dabei, wie Sie die Straße entlanggehen, den Bus nehmen, einkaufen, usw.
5. Irgendwann am Tag werden Sie sich Ihrer Schüchternheit stellen müssen, doch nicht gleich zu Anfang. Nehmen Sie sich Zeit, um sich bei alltäglichen und familiären Pflichten zu beobachten, die keinen besonderen Aufwand erfordern. Nach ein paar Stunden wird es Ihnen nicht mehr schwer fallen, sowohl Schauspieler als auch neutraler Betrachter in einem zu sein. Und genau dann wird der Zeitpunkt gekommen sein, an dem Sie um etwas gebeten werden, das Sie zwingt Ihrer Schüchterneit entgegenzutreten. Vielleicht bittet Sie Ihr Chef zu einer Besprechung oder Sie müssen eine Anfrage an jemanden richten, den Sie nicht kennen, oder versuchen von einem Zulieferer eine Rückerstattung zu bekommen, etc.
6. Machen Sie jedesmal, wenn eine Welle der Unsicherheit Sie zu überrollen droht, eine Art Bestandsaufnahme. Halten Sie die „Zeit" an, stellen Sie

sich folgende Fragen und notieren Sie die Antworten in Ihrem Notizbuch: Wovor fürchte ich mich in diesem Augenblick? Davor, dass die betreffende Person mich lächerlich findet? Oder dass mein Make-up im Regen verlaufen ist? Dass andere aggressiv reagieren? Dass mein Chef mich in sein Büro ruft, um meine Arbeit zu kritisieren? Dass ihm vielleicht meine Kleidung nicht gefällt? Und so weiter.
Wenn Sie wirklich schüchtern und unsicher sind, werden Sie diese Art von Fragen kennen und sofort beantworten können, da Sie mit solchen Situationen vertraut sind. Allerdings wird dies das erste Mal sein, dass Sie Ihr Verhalten objektiv analysieren.
7. Nehmen Sie sich jeden Abend die Zeit, um Ihre hastig ins Notizbuch gekritzelten Antworten durchzulesen. Verwandeln Sie Ihre passive Haltung („Was willst du von mir? Ich bin schüchtern! Es ist nicht meine Schuld ...“) in eine aktive („Ich bin schüchtern, aber ich unternehme etwas dagegen ...“)
8. Suchen Sie für jeden Grund, den Sie notiert haben, ein Gegenargument, beispielsweise:
„Ich fühlte mich eingeschüchtert, weil ich Angst hatte, mein Chef würde mich kritisieren. Aber weshalb sollte er einen Grund haben mich zu kritisieren? Habe ich einen Fehler gemacht? Und falls ja, wie kann ich ihn korrigieren?“
„Ich gehe diesen Flur nicht gerne entlang, denn dort sitzen immer viele Leute herum, die beobachten, was so vor sich geht. Ja und? Sollte ich mich meines Aussehens schämen? Meiner Kleider, meiner Frisur? Warum? Welche konkreten Schritte kann ich unternehmen, damit ich mich meiner nicht mehr schäme? Was ist, wenn dies alles nur in meiner Einbildung existiert? Was ist, wenn mich gar keiner anschaut?“

Die vier Hauptgründe für Schüchternheit und Unsicherheit

Wenn Sie die oben beschriebene Methode anwenden, dann sollten Sie bereits nach zwei Wochen die Gründe für Ihre Schüchternheit sowie die typischen Situationen kennen, die den Angstreflex bei Ihnen auslösen. Keine Angst, so viele sind das gar nicht! Im Allgemeinen fühlt man sich unsicher:

- weil man sich seines Aussehens, d.h. seines Körpers oder seiner Kleidung schämt;
- weil man Angst vor den Aggressionen unbekannter Menschen hat, z.B. in Form von Spott oder Verachtung;

- weil man Angst hat von Personen zurückgewiesen zu werden, die man für wichtig hält (sowohl im Privat-, als auch im Berufsleben);
- weil man sich überlegen fühlt (oh ja!) und sich deshalb in seinen „Elfenbeinturm" zurückzieht.

Wenn Sie die oben genannte Übung zwei Wochen lang durchgeführt haben, dann werden Sie feststellen, dass Ihre Beobachtungsgabe deutlich schärfer geworden ist. Sie werden auf Situationen, die Ihnen Angst einflößen oder in denen Sie sich unwohl fühlen, anders reagieren. Sie werden merken, dass Sie bereits einige Fortschritte gemacht haben, ohne jedoch genau zu wissen, worin diese eigentlich bestehen.

Das Übel an der Wurzel packen

Im Prinzip ist nichts anderes geschehen, als dass Sie Ihrer Schüchternheit das „dramatische Element" genommen haben, und es ist sehr schwierig, sich von einer Situation aus dem Gleichgewicht bringen zu lassen, wenn man sie objektiv analysieren kann.

Solange Ihnen Ihre Unsicherheit wie ein stets gegenwärtiger, aber unsichtbarer Feind erschienen ist, wie ein geheimnisvoller, furchteinflößender Drache, der von Zeit zu Zeit sein hässliches Haupt aus den Tiefen Ihrer Einbildung erhoben hat, solange konnte sie Ihnen Angst einjagen. Aber sobald Sie imstande waren den Finger auf den wunden Punkt zu legen – indem Sie objektiv Ihre eigenen Fragen beantworteten – haben Sie bereits einen großen Schritt nach vorne gemacht.

Natürlich sind Sie noch nicht vollständig geheilt! Die Schüchternheit und Unsicherheit, die bereits zehn, zwanzig oder sogar dreißig Jahre lang Bestandteil Ihres Wesens gewesen ist, wird nicht innerhalb von zwei Wochen verschwinden. Sie sind immer noch schüchtern und werden vielleicht immer ein wenig schüchtern bleiben.

Andere besser verstehen

Durch Ihre Rolle als Beobachter in den letzten Wochen haben Sie nicht nur Einsicht in Ihre eigenen Motivationen bekommen, sondern bis zu einem gewissen Grad auch in die anderer Menschen. Sie sehen nun vieles klarer oder mit anderen Augen.

Daran ist nichts Geheimnisvolles.

Da Sie sich sich selbst anders wahrnehmen, sind Sie auch imstande andere Menschen in einem anderen Licht zu sehen, nämlich so, wie sie tatsächlich sind. In wem Sie früher eine Art Ungeheuer sahen, in dem sehen Sie nun ein menschliches Wesen. Sie erkennen, dass jemand, der arrogant und einschüchternd wirkt, schlicht unsicher ist und seine Minderwertigkeitsgefühle hinter einem aggressiven Auftreten und Prahlerei verbirgt.

Alles, was Sie nun noch brauchen, sind einige wenige Wochen Selbstdisziplin, Selbstbeobachtung und Ehrlichkeit. Doch den schwierigsten Teil des Testes haben Sie bereits bestanden – Sie sind imstande Ihrer Unsicherheit und Ihrer Schüchternheit entgegenzutreten.

Selbst wenn Sie sich für den Rest Ihres Lebens im Rampenlicht unwohl fühlen und etwas reservierter bleiben, sollten Sie sich darüber nicht den Kopf zerbrechen. Es ist kein Fehler, etwas zurückhaltend zu sein, im Gegenteil – abschreckend wirken eher Menschen, die zu arrogant und ihrer selbst zu sicher sind, die sich anderen aufdrängen, ohne auch nur darüber nachzudenken, dass sie vielleicht gar nicht willkommen sein könnten. Bescheidenheit sowie Takt- und Feingefühl sind Qualitäten, die einen wesentlich weiter bringen.

Schritt 2: Die „Konten ausgleichen"

Nun ist der Zeitpunkt gekommen, um aus Ihren zweiwöchigen Beobachtungen als „gespaltene Persönlichkeit" ein Fazit zu ziehen.

Machen Sie es sich bequem, legen Sie Ihr Notizbuch in Reichweite und stellen Sie sich folgende Fragen:

- Haben Sie das Gefühl, sich jetzt besser zu kennen?
- Glauben Sie, dass Sie nun Ihre Gedanken und Vorstellungen besser unter Kontrolle haben?
- Hat sich Ihre Beobachtungsgabe verschärft?
- Lachen Sie häufiger?
- Haben Sie bemerkt, dass Sie sich bei Ihren täglichen Aktivitäten nicht mehr so ungeschickt anstellen?
- Glauben Sie, dass Sie bis zur wahren Ursache Ihrer Schüchternheit und Unsicherheit vorgedrungen sind?
- Lassen Sie sich von anderen Menschen noch so einschüchtern wie früher?

Eigentlich müssten Sie nun eine deutliche Verbesserung Ihres Selbstbewusstseins feststellen.

Die nächste Frage ist sehr wichtig. Wenn Sie sie ehrlich bejahen können, dann machen Sie sehr gute Fortschritte, wenn nicht, sollten Sie mit der „Gespaltenen Persönlichkeits"-Übung weitermachen bzw. noch einmal von vorne beginnen.

- Verstehen Sie nun die Motivation anderer Menschen besser?

Schritt 3: Befreien Sie sich von Ihrem negativen Selbstbild

Die vorangegangene Übung sollte Ihnen dabei helfen, Ihrer Unsicherheit sozusagen einmal direkt ins Gesicht zu sehen und sie aus verschiedenen Blickwinkeln heraus zu analysieren. Nun kommen wir zu einigen spezielleren Übungen, die dazu gedacht sind, ganz bestimmte Aspekte Ihrer Schüchternheit und Unsicherheit anzugehen. Machen Sie mit – Sie haben nichts zu verlieren, aber alles zu gewinnen!

Vermutlich sind Sie tief in Ihrem Herzen davon überzeugt, dass Sie aufgrund Ihrer Schüchternheit anderen Menschen unterlegen sind. Um gegen dieses negative Selbstbild vorzugehen, sollten Sie nun Ihr treues Notizbuch öffnen und folgende Übung machen:

Übung: Kosten-Nutzen-Rechnung

Sie sind davon überzeugt, dass Ihre Schüchternheit Ihren Wert als Mensch mindert. Diese Überzeugung hat Vor- und Nachteile. Erstellen Sie eine Liste der Vorteile und Nachteile Ihres negativen Selbstbildes.
Schreiben Sie diese in zwei Spalten auf, damit Sie sie schwarz auf weiß vor sich sehen. Berechnen Sie dann, wie viel „Prozent Vorteile" wie viel „Prozent Nachteilen" gegenüberstehen.
Machen Sie das Gleiche noch einmal, aber gehen Sie nun von einem positiven Selbstbild aus, z.B.: „Ich bin anderen aufgrund meiner Schüchternheit nicht unterlegen – ich bin nur ein Mensch, der verletzlich und sensibel ist."
Einige Beispiele zu dieser hervorragenden Übung:

Negative Einstellung: Meine Schüchternheit mindert meinen Wert als Mensch.
Vorteile dieser Überzeugung:
1. Diese Einstellung zwingt mich dazu, meine Gefühle zu beherrschen und meine Schwächen zu verbergen.
2. Wenn ich meine Gefühle gut zu verbergen weiß, dann bemerken die Leute nicht, wie unsicher und unterlegen ich mich fühle und weisen mich nicht zurück. = 33 %
Nachteile dieser Überzeugung:
1. Wenn ich versuche mein wahres Ich zu verbergen, werden meine Schüchternheit und meine Unsicherheit nur noch größer.
2. Durch meine Unsicherheit mache ich bestimmt keinen guten Eindruck, sondern zeige nur, dass ich unfähig bin etwas in Angriff zu nehmen.
3. Meine Selbstachtung ist gleich null.
4. Ich bin einsam, weil ich meine Gefühle nicht mit anderen teilen kann. = 67 %

Positive Einstellung: Unsicherheit ist Teil des menschlichen Wesens – ich bin verletzlich und sensibel wie jeder andere auch.
Vorteile dieser Überzeugung:
1. Ich kann aufhören mich selbst zu hassen, da es einen Grund gibt, meinen Selbstwert anzuzweifeln.
2. Ich weiß nun, dass ich meine Schüchternheit und Unsicherheit überwinden kann. Ja, ich kann es.
3. Ich werde weniger Angst haben mit anderen zu reden, weil es absolut keinen Grund zu der Annahme gibt, dass sie mich für dumm oder für einen Versager halten. = 75 %
Nachteile dieser Überzeugung:
1. Indem ich mit anderen Leuten Kontakt aufnehme, riskiere ich es, zurückgewiesen zu werden. = 25 %
Sie sehen es: Ehrlichkeit und Objektivität sind Ihre besten Verbündeten. Wenn Sie objektiv die Vorteile und Nachteile Ihrer Selbsteinschätzung analysieren, wird es Ihnen gelingen, den Dämon auszutreiben, der Sie so lange in seinen Klauen hielt. Aber ich möchte noch einmal betonen, dass man absolut ehrlich zu sich selbst sein muss, wenn man einen dauerhaften Erfolg anstrebt.
Nun sind Sie an der Reihe.

Übung: Innerer Dialog

Diese Übung ist dazu gedacht, Ihr negatives Selbstbild zu bekämpfen. Nehmen Sie auch hier wieder die „Gespaltene Persönlichkeits"-Technik zu Hilfe, da Sie sowohl Fragen stellen als auch Antworten geben müssen.

1. Schreiben Sie jeden Tag drei negative Gedanken, die Sie verunsichern, auf ein Blatt Papier.
2. Setzen Sie dann allen diesen negativen Gedanken positive Gedanken entgegen.
3. Machen Sie diese Übung zwei Wochen lang.

Einige Beispiele für einen „inneren Dialog", die Ihnen als Vorlage für das Aufspüren Ihrer eigenen Ängste dienen können:

Negative Einstellung:
„Diese Person finde ich sehr anziehend, aber ich glaube nicht, dass dies der richtige Ort ist, um ein Gespräch anzufangen."
Positive Einstellung:
„Ich möchte gerne mit jemandem reden und der Ort hat nichts damit zu tun."

Negative Einstellung:
„Ich traue mich nicht diesen Flur hinunterzugehen, weil er immer voller Menschen ist."
Positive Einstellung:
„Ich muss ja ganz schön egozentrisch sein, wenn ich glaube, dass diese Leute nichts Besseres zu tun haben, als mich zu beobachten und zu kritisieren."

Negative Einstellung:
„Freunde sollte man ohne viel Aufwand gewinnen können. Das sollte auf ganz natürliche Weise passieren, sozusagen von selbst."
Positive Einstellung:
„Im Leben geschieht nichts von selbst. Es ist also nicht falsch, sich darum zu bemühen, Leute kennen zu lernen und lang anhaltende Freundschaften zu pflegen."

Negative Einstellung:
„Wenn ich mit jemandem spreche, den ich nicht kenne, glaubt dieser Mensch doch sofort, ich will was Bestimmtes von ihm."

Positive Einstellung:
„Wenn jemand nicht zwischen einer netten Plauderei und einer unterschwelligen Erwartungshaltung unterscheiden kann, ist das sein Problem, nicht meines."

Schritt 4: Sie sind mit Ihrem Problem nicht alleine!

Schüchterne und unsichere Menschen sind oft arrogant.

„Was!", höre ich Sie jetzt protestieren. „Ist das nicht ein Widerspruch in sich?"

Nein, Sie haben richtig gelesen. Unsichere Menschen sind arrogant, weil sie glauben – und dies ist eine der unterschwelligen Ursachen für Unsicherheit –, sie seien einzigartig, da niemand auf der ganzen Welt so schüchtern und unsicher ist wie sie.

Wenn dies keine arrogante Haltung ist – was dann?

Sie liegen falsch, wenn Sie glauben, dass Sie der einzige unsichere und schüchterne Mensch auf dieser Erde sind und dass sonst kein Mensch angesichts einer Autoritätsperson plötzlich einen trockenen Mund, Herzklopfen und ein flaues Gefühl im Magen bekommt.

Wenn Sie's nicht glauben, dann probieren Sie es doch einmal mit folgender Umfrage.

Übung: Umfrage

Diese Übung wird Ihren Horizont beträchtlich erweitern.
Führen Sie eine Umfrage unter Ihren Freunden und Bekannten durch. Erzählen Sie ihnen, Sie seien an dem Thema Schüchternheit und Unsicherheit interessiert und würden sich freuen, wenn sie Ihnen bei Ihrer Umfrage helfen könnten.
Kopieren Sie folgenden Fragebogen und befragen Sie so viele Leute wie möglich. Betonen Sie, dass sie wirklich ehrlich sein sollen, und schreiben Sie die Antworten auf.
Sie können natürlich noch weitere Fragen hinzufügen, die speziell auf bestimmte Personen zugeschnitten sind.

Umfrage:

1. Warst du schon einmal nervös, wenn du zum ersten Mal mit jemandem vom anderen Geschlecht gesprochen hast?
2. Kostet es dich eine gewisse Überwindung, jemanden, den du attraktiv findest, zu bitten, mit dir auszugehen?
3. Bist du nervös und etwas ängstlich, wenn du vor einer Gruppe sprechen sollst?
4. In welchen normalen Situationen bist du sehr schüchtern oder fühlst dich besonders unwohl?
5. Hast du in einer mündlichen Prüfung oder bei einem Vorstellungsgespräch irgendwelche körperlichen Beschwerden?
6. Hältst du schüchterne und unsichere Menschen für minderwertig?

Welche Schlüsse lassen sich aus dieser Übung ziehen?

Diese Übung wird Ihnen beweisen, dass viele Leute, selbst jene, die sehr selbstsicher wirken, in bestimmten Situationen genau die gleichen Symptome von Unsicherheit zeigen wie Sie. Diese Bestätigung sollte Ihr Selbstvertrauen stärken und Ihnen das furchtbare Gefühl der Einsamkeit nehmen, unter dem schüchterne Menschen oft leiden.

Nun wissen Sie, dass Sie nicht alleine sind, und das ist ein großer Schritt nach vorne, um Ihre Schüchternheit und Unsicherheit endgültig überwinden zu können.

Anderen geht es genauso wie Ihnen

Versetzen Sie sich einmal zurück in die Anfänge Ihrer Schulzeit. Bestimmt haben auch Sie gelegentlich nicht alle Hausaufgaben gemacht, weil Sie beispielsweise in Mathe oder Physik einfach nicht auf die richtige Lösung gekommen sind. Vermutlich klopfte Ihnen vor Angst das Herz bis zum Hals, bis Sie Ihre Klassenkameraden gefragt haben, ob sie denn die Lösung gefunden haben.

Und zu Ihrer großen Erleichterung konnten die anderen Kinder das Problem ebenfalls nicht lösen. Alle nicht. „Wow, ich bin nicht der Einzige!“, haben Sie gedacht und Ihre Angst verflog sofort.

Genau das wird hier auch passieren, sobald Sie realisieren, dass Sie nicht der einzige Mensch auf dieser Welt sind, der schüchtern und unsicher ist.

Machen Sie mindestens sechs Monate lang alle Übungen täglich und zwar immer etappenweise zwei Wochen lang. Sie werden merken, dass Ihre Schüchternheit und Unsicherheit mehr und mehr abnehmen, und andere Menschen sich in Ihrer Gesellschaft zunehmend wohler fühlen. Das heißt, Sie werden einen zweifachen Sieg davontragen – nicht nur Sie profitieren von der Veränderung, sondern auch die Menschen in Ihrer Umgebung.

Es ist wichtig, sich richtig benehmen zu können

Noch ein letzter Tipp, wie Sie lernen können Ihre Unsicherheit im Umgang mit anderen Menschen in den Griff zu bekommen: Lesen Sie ein Buch über Benimmregeln und Etikette.

Das ist kein Scherz.

Zugegeben: Viele dieser Bücher sind altmodisch und beziehen sich auf Benimmregeln, die längst überholt sind. Doch in einigen der neueren Bücher finden sich unzählige nützliche Ratschläge, wie man sich anderen gegenüber oder in Gesellschaft zu verhalten hat. Sie geben eine klare Antwort auf Fragen, die wir uns zwar immer wieder selbst stellen, aber die wir andere nicht zu fragen wagen, aus Angst für unwissend oder naiv gehalten zu werden.

Richtiges Benehmen gibt Sicherheit

Sie müssen natürlich oben erwähnten Vorschlag nicht aufgreifen, sondern können auch einfach nur auf Ihren gesunden Menschenverstand vertrauen. Aber falls Sie es doch tun, werden Sie schnell feststellen, dass alleine die Tatsache, genau zu wissen, was man in einer bestimmten Situation tun oder lassen sollte – was akzeptabel ist und was nicht –, Ihnen ein Gefühl der Sicherheit vermittelt. In Gesellschaft werden Schüchternheit und Unsicherheit oft dadurch hervorgerufen, dass man allgemein akzeptierte Benimmregeln nicht kennt, d.h. Angst hat etwas Dummes zu tun und dadurch unbeholfen und ungebildet zu wirken.

Dieses Problem lässt sich schnell beseitigen! Es ist ganz einfach – warum sollte man es also nicht tun? Finden Sie heraus, wie Sie sich im Umgang mit anderen Menschen verhalten sollten und Sie erreichen bald einen Grad an Selbstsicherheit, der Sie verblüffen wird!

Zusammenfassung

Die Unsicherheit, die Ihnen bisher das Leben so schwer gemacht hat, ist kein unsichtbarer Feind. Sie ist noch nicht einmal so mächtig, wie Sie bisher gedacht haben.

Die außerordentlich einfache Methode, die Sie in diesem Kapitel kennen gelernt haben, basiert auf drei Grundsätzen: Zunächst müssen Sie lernen Ihre Unsicherheit und Ihre negative Selbsteinschätzung objektiv zu betrachten und zu analysieren. Das versetzt Sie in die Lage, Ihren „Feind" zu erkennen und als das zu sehen, was er wirklich ist.

Dann müssen Sie Ihre Einstellungen überprüfen, die oft die eigentlichen Ursachen für Unsicherheit sind. Wenn Sie die Vorteile und Nachteile Ihrer Selbsteinschätzung analysieren, werden Sie feststellen, dass es viel vorteilhafter ist, sie loszuwerden als sich von ihnen behindern zu lassen.

Sie sind nicht der einzige Mensch auf der Welt, der in bestimmten Situationen mit körperlichen und psychischen Symptomen reagiert. Im Gegenteil: Bis zu einem gewissen Grad geht das jedem so. Gehen Sie unter Leute, kommen Sie aus Ihrem selbst gewählten Gefängnis oder Ihrem Schneckenhaus heraus.

Und zu guter Letzt: Lesen Sie ein Buch über Benimmregeln und Etikette. Es wird Ihnen ein himmlisches Gefühl der Sicherheit vermitteln, denn es gibt nichts Besseres, um das Selbstbewusstsein zu stärken, als zu wissen, wie man „genau das Richtige" tut oder sagt.

Verbessern Sie Ihr äußeres Erscheinungsbild

Unser äußeres Erscheinungsbild ist das erste, was andere Leute wahrnehmen. Lange bevor andere unsere Vorzüge und Fehler kennen lernen, haben sie uns bereits nach unserem Äußeren beurteilt.

Ob es uns gefällt oder nicht – unser Aussehen und unsere Haltung spiegeln unser Innenleben wider. Auch wenn wir für unsere ererbten körperlichen Merkmale nicht verantwortlich sind, haben wir sie doch im Laufe unseres Lebens unbewusst verändert, sodass sie sich im Einklang mit unserer Persönlichkeit befinden.

Wenn Sie sich in Gesellschaft anderer Menschen unwohl fühlen, wenn Sie äußerst schüchtern und unsicher sind, dann liegt das zum Teil daran, dass Sie sich in Ihrer Haut nicht wohl fühlen. Ihnen gefällt Ihr äußeres Erscheinungsbild nicht, Sie schämen sich dafür.

Mit dem äußeren Erscheinungsbild meine ich hier nicht nur Ihren Gesichtsschnitt oder Ihre Frisur, sondern auch Ihre Stimme, die Art, wie Sie Leute ansehen, Ihre Haltung und Ihr Benehmen, Ihren Stil sich zu kleiden, usw. Wenn Sie sich in Ihrer Haut nicht wohl fühlen, dann gefällt Ihnen etwas an Ihrem Aussehen nicht und Sie haben vermutlich diesbezüglich einen Komplex entwickelt.

Sie müssen sich von diesen negativen Gefühlen befreien! Solange Sie das nicht tun, werden Sie kaum je Ihre Möglichkeiten voll ausschöpfen und Fortschritte machen können.

Test: Wie stehen Sie zu Ihrem Körper?

Der folgende Test wird Ihnen helfen, dies herauszufinden. Beantworten Sie die Fragen mit Ja oder Nein.

1. Sehen Sie beim Gehen auf Ihre Füße? Nein
2. Schmerzen Ihre Nackenmuskeln manchmal? Nein
3. Haben Sie öfter Muskelschmerzen in anderen Körperteilen (beispielsweise in den Schenkeln)? Ja
4. Ist Ihre Haltung vornübergebeugt oder stehen Ihre Schulterblätter vor? Nein

5. Wenn Sie mit jemandem sprechen, schauen Sie ihm dann in die Augen?
6. Haben Sie Probleme mit dem Rücken?
7. Stocken Sie häufig beim Sprechen?
8. Neigen Sie dazu, Dinge fallen zu lassen?
9. Machen Sie viel Lärm, wenn Sie Dinge bewegen?
10. Schlurfen Sie beim Gehen?
11. Leiden Sie unter nervösen Tics?
12. Machen Sie sich ständig Sorgen um Ihr Gewicht?
13. Ist Ihr Körperbau ungleichmäßig (z.B. eine Schulter höher als die andere, ein Bein länger)?
14. Verändern Sie beim Sitzen ständig die Stellung Ihrer Beine?
15. Wenn Sie die Möglichkeit hätten, etwas an Ihrem Körper zu verändern, würden Sie dies dann sofort tun?

Auswertung

Geben Sie sich für jede mit Ja beantwortete Frage einen Punkt.

5 oder weniger Punkte: Sie brauchen dieses Kapitel nicht durchzulesen. Sie kennen sich, Sie akzeptieren sich und Sie sehen in Ihrem Körper einen Freund. Sie fühlen sich wohl so, wie Sie sind. Wenn Sie unsicher sind und es Ihnen an Selbstvertrauen mangelt, dann nicht, weil Sie sich Ihres Körpers schämen. Sie müssen woanders nach den Ursachen für Ihr mangelndes Selbstbewusstsein suchen.

6 bis 10 Punkte: Ihre Energie kann nicht ungehindert durch alle Teile Ihres Körpers fließen. „Blockaden“ hindern Sie daran, sich in Ihrer Haut wohl zu fühlen und selbstbewusst aufzutreten. Sie bemühen sich zwar das Unbehagen, das Ihnen Ihr Körper verursacht, loszuwerden, doch haben Sie kein sonderlich positives Selbstbild. Ihre Lage ist jedoch alles andere als hoffnungslos!

11 bis 15 Punkte: Die Lage ist ernst. Sie gehören vermutlich zu jenen Menschen, die die „gesamte Last der Welt auf ihren Schultern tragen“. Ihr introvertiertes Naturell spiegelt sich in Ihrer Haltung und Ihrer Einstellung wider, vermutlich sind Sie linkisch und schlurfen beim Gehen. Wahrschein-

lich hassen Sie Ihren Körper und haben ein äußerst negatives Selbstbild. Sie legen keinen großen Wert auf eine gute Erscheinung, achten wenig darauf, was Sie anziehen. Unternehmen Sie etwas! Hören Sie auf damit, Ihr Leben auf diese Weise zu ruinieren. Die Lösung ist einfacher als Sie denken.

Körpersprache

Sie wissen, dass der Körper seine eigene Sprache hat – zumindest seit Ihrer Jugendzeit, als ein Blick, ein Lächeln, ein Winken oder der Gang eines anderen Ihnen angedeutet hat, dass er/sie Interesse an einer Kontaktaufnahme hatte.

Wenn wir jemanden überzeugen wollen, setzen wir oft unseren Körper bewusster ein: Wir nicken, sprechen schneller, gestikulieren mit unseren Händen und Armen, usw.

Sind wir selbstsicher, sprechen wir langsamer und unsere Bewegungen sind sparsamer. Nordeuropäer gestikulieren beim Sprechen viel weniger als Südeuropäer, die fast jedes Wort mit einer Geste begleiten.

Wenn man sich einem Argument verschließt, neigt man dazu, seine Arme zu verschränken. Wenn man über etwas nachdenkt, streicht man sich oft über die Stirn, beißt sich auf die Lippen oder kratzt sich an der Nase – jeder Mensch verfügt dabei über sein eigenes Repertoire an Bewegungen.

Die Körpersprache von charismatischen Menschen, die auf andere anziehend wirken und denen man gerne zuhört, verrät keine Anspannung, keine Nervosität und keine Angst – lediglich Entspanntheit und ruhige Nachdenklichkeit. Solche Menschen strahlen Gelassenheit und Ruhe aus. Wenn sie jemanden überzeugen wollen, setzen sie einfache, wohl überlegte Gesten ein, ihre Stimme ist meist tief und hat einen warmen Unterton.

Unsere Körper sprechen ständig. Wenn Sie im vorangegangenen Test zwischen elf und 15 Punkten hatten, verrät Ihre Körpersprache, dass Sie sich in Ihrer Haut nicht wohl fühlen, dass Sie Ihr Erscheinungsbild nicht mögen und dass Ihnen 24 Stunden am Tag unbehaglich zumute ist. Wenn Sie weiterhin solche Botschaften an die Außenwelt abgeben, werden Sie sicherlich nicht als jene anziehende Persönlichkeit gesehen werden, die Sie so gerne wären!

Was kann man nun konkret tun, um das äußere Erscheinungsbild zu verändern, das einem aus dem Spiegel entgegenblickt?

Das Äußere positiv verändern

Auftreten und Aussehen werden von einer ganzen Reihe verschiedener, gleich wichtiger Faktoren bedingt, nämlich Haltung, Atmung, Gestik, Gang, Stimme und natürlich dem Blick.

Wenn Sie nicht genau definieren können, was Sie an Ihrer Erscheinung eigentlich stört, dann gehen Sie das folgende Programm Schritt für Schritt durch – Sie werden es nicht bereuen!

Ihre Haltung

„Steh gerade! Du wirst noch einen Buckel bekommen!"

Wie oft haben Sie in Ihrer Kindheit diese Ermahnung von Ihren Eltern und Lehrern gehört? Mindestens einmal pro Tag, da bin ich mir sicher! Doch dies geschah in der lobenswerten Absicht zu verhindern, dass wir ein krummes Rückgrat und hochgezogene Schultern bekommen. Doch eine schlechte Haltung kann auch noch andere Folgen haben, die sich natürlich genauso schädlich auswirken.

Bei einer schlechten Haltung kann die Energie nicht frei durch alle Körperteile fließen und früher oder später wird das gesamte Nervensystem aus dem Gleichgewicht gebracht. Die Haltung ist ein Teil der Körpersprache, die bei einem Gespräch ebenfalls als nonverbale Kommunikationsform eingesetzt wird. Wer kerzengerade steht, als hätte er einen Besen verschluckt, der wird sein Gegenüber in die Defensive drängen. Lümmelt man sich hingegen in einen Stuhl oder auf der Couch, könnte der Gesprächspartner dies als Beleidigung auffassen, weil es so wirkt, als sei man gleichgültig oder sogar uninteressiert.

Es folgen einige Übungen, die für eine gute Haltung wichtig sind:

Sicher und selbstbewusst wirken

Haltung im Stehen Diese Übung ist sehr einfach. Stellen Sie sich vor, Ihr Kopf würde von einer unsichtbaren Schnur, die auch durch Ihr Rückgrat und Ihre Hüften verläuft, hoch gezogen oder Sie würden einen Ball auf dem Kopf balancieren.

Die Beine sollten gerade, aber nicht durchgedrückt sein und das Körpergewicht gleichmäßig auf beide Beine verteilt werden. Stehen Sie auf dem ganzen Fuß, entspannen Sie Schultern und Arme und stellen Sie sich vor, Sie seien im Boden verwurzelt. Wenn jemand Sie aus Versehen anrempeln würde, müssten Sie Ihre Balance halten können.

Meiden Sie Stellungen, die den Energiefluss hemmen, z.B. hochgezogene Schultern, geballte Fäuste, verschränkte Arme, gesenkter Kopf, Gewicht auf einem Bein, etc.

Versuchen Sie Ihre Haltung stets zu kontrollieren, z.B. wenn Sie an der Bushaltestelle oder in der Schlange vor der Kinokasse stehen. Mit der richtigen Haltung kommt einem die Wartezeit kürzer vor.

Haltung im Sitzen: Diese Haltung ist am wichtigsten, da wir die meiste Zeit im Sitzen verbringen.

Wie sitzt man richtig?

Zunächst einmal sollte der Stuhl nicht zu hoch oder zu niedrig sein – Oberschenkel und Unterschenkel sollten einen rechten Winkel bilden und beide Füße flach auf dem Boden stehen. Hat der Stuhl Armlehnen, legen Sie die Unterarme auf. Wer die Stellung wechseln möchte, kann die Arme leicht auf den Oberschenkeln aufliegen lassen.

Und nun zum Rücken – dem armen, gequälten, misshandelten, unglücklichen Rücken ...

Der Rücken sollte ebenfalls gerade sein und mit den Oberschenkeln einen rechten Winkel bilden. Um den Rücken gerade zu halten, muss man die ganze Sitzfläche ausnutzen und sich anlehnen, nicht einfach nur vorne auf der Stuhlkante sitzen, wie man das meistens macht ... Dies ist äußerst wichtig! Wenn diese Haltung auf Dauer zu anstrengend ist, kann man die Hüften leicht nach vorne schieben und die Lage der Wirbelsäule dadurch eine Zeit lang verändern.

Wenn man auf der Stuhlkante sitzt, vermittelt man den Eindruck, nervös, angespannt oder eingeschüchtert zu sein oder sich unwohl zu fühlen. Und dies steht doch im genauen Gegensatz zu dem entspannten und selbstsicheren Eindruck, den Sie vermitteln wollen – oder etwa nicht?

Wie sollte der richtige Stuhl beschaffen sein?

Der richtige Stuhl ist genauso wichtig wie die richtige Matratze. Wenn Sie bei der Arbeit viel sitzen, sollten Sie sich einen guten Stuhl anschaffen, der an Ihren Rücken, Ihre Arbeit und Ihren Arbeitsplatz angepasst ist. Wer den ganzen Tag mit der Hand schreibt, benötigt einen anderen Stuhl als jemand, der am Computer oder am Zeichenbrett arbeitet.

Es werden sehr gute Stühle angeboten, die „ergonomisch" geformt sind (die Ergonomie ist eine relativ neue Wissenschaft, die sich mit der optimalen Koordination von Mensch, Maschine und Umwelt im Arbeitsprozess befasst) und dem Körper einen hervorragenden Halt geben. Leider kosten solche Stühle meistens ein kleines Vermögen. Wenn Sie in einer großen Firma arbeiten, können Sie den Vorschlag einbringen, bei der Anschaffung neuer Büromöbel darauf zu achten, dass diese ergonomisch geformt sind. Die Investition lohnt sich, da dadurch die Produktivität erhöht werden kann. Wenn Sie freiberuflich tätig sind und sich einen solchen Stuhl nicht leisten können, versuchen Sie einen gebrauchten zu bekommen.

Übung: Verbessern der Haltung

Vor Beginn der eigentlichen Übung benötigen Sie die Hilfe einer anderen Person und einen dicken Filzstift, der sich leicht wieder entfernen lässt.

1. Vermutlich besitzen auch Sie, wie die meisten Leute, einen großen Wandspiegel. Falls nicht, dann ist jetzt der richtige Zeitpunkt, einen zu kaufen. Von nun an werden Sie Gefallen daran finden, sich zu betrachten!
2. Gehen Sie auf alle viere, sodass Schenkel und Unterleib einen rechten Winkel bilden und Arme und Oberkörper ebenfalls.
3. Bitten Sie die andere Person auf dem Spiegel eine gerade, waagerechte Linie zu ziehen und zwar ein klein wenig oberhalb Ihrer Rückenlinie (etwa zehn bis fünfzehn Zentimeter darüber).
4. Nehmen Sie einmal pro Tag die in Punkt 2 beschriebene Stellung ein und verharren Sie mindestens eine Minute lang in dieser Haltung. Ihre Rückenlinie sollte genau parallel zu der auf dem Spiegel markierten Linie sein. Falls nicht, bringen Sie den Rücken langsam in die richtige Lage, aber vermeiden Sie heftige Bewegungen.
5. Nach einigen Sekunden in dieser Stellung neigt man dazu, den Rücken durchzudrücken oder zu wölben. Korrigieren Sie die Haltung augenblicklich, sobald Sie dies merken.

Wenn Sie diese Übung regelmäßig machen, werden Sie feststellen, dass bereits nach wenigen Wochen die Schmerzen in den Rückenmuskeln deutlich nachlassen, Ihr Rücken nicht mehr so krumm ist und Sie viel weniger Probleme haben, aufrecht zu stehen.

Der Gang

Sind Sie eine Frau, haben gewiss auch Sie schon neidvoll jenen Wesen am Flughafen, in Büros und natürlich in den Modesalons nachgeblickt, die mit vollendeter Grazie über den Boden zu schweben scheinen, deren Bewegungen fließend und perfekt aufeinander abgestimmt sind, deren Körper in vollkommener Harmonie zu sein scheint und die den Eindruck absoluter Gelassenheit erwecken.

Sind Sie ein Mann, haben Sie sicherlich auch schon gelegentlich den Gang eines jungen Mannes bewundert, der neben Ihnen oder über die Straße ging und der vollkommen entspannt und selbstsicher wirkte, sodass Sie sich im Vergleich zu ihm unbeholfen und linkisch vorkamen.

Die Art, wie wir gehen, sagt eine Menge über uns aus. Unser Gang kann gehetzt oder schleppend sein, beschwingt oder weich, schwerfällig oder leichtfüßig, unbeholfen oder selbstbewusst, usw.

Also sollte die Botschaft, die unsere Gehweise vermittelt, durchaus ernst genommen werden!

Übung: Der ideale Gang

Der ideale Gang ist entspannt, aber nicht nachlässig, weder zu schnell noch zu langsam. Beim Gehen ist der ganze Körper beteiligt, nicht nur die Füße. Das ganze Bein, bis hinauf zur Hüfte, bewegt sich mit (nicht wie bei Charlie Chaplins berühmtem Schlurfen!). Die Schultern sollten die Bewegung der Hüften aufnehmen, die Arme entspannt neben dem Körper pendeln – einfach hängen- und mitschwingen lassen.

1. Treten Sie Ihrem neuen Freund (Ihrem eigenen Spiegelbild in dem großen Spiegel natürlich!) gegenüber. Heben Sie ein Bein hoch, bis sie alle an der Bewegung beteiligten Muskeln spüren. Stellen Sie den Fuß wieder auf den Boden und heben Sie das andere Bein. Lassen Sie sich Zeit und beobachten Sie Ihre Bewegungen.
2. Spüren Sie bewusst alle Körperteile, die sich beim Gehen bewegen: Arme, Kopf, Hüften. Wenn Sie Ihren Fuß hochheben, sollten Sie Ihr gesamtes Bein bewegen – und die Bewegung in Ihrer Hüfte spüren.
3. Üben Sie mindestens fünf Minuten am Tag das Gehen vor dem Spiegel.

Beachten Sie: So wie Ihre Haltung durch den Stuhl, auf dem Sie bei der Arbeit sitzen, Schaden nehmen kann (vor allem, wenn er von minderer Qua-

lität ist), so können sich auch falsche Schuhe negativ auf den Gang auswirken. Kleine Frauen neigen dazu, sehr hohe Schuhe zu tragen, durch die ihr Gang jedoch schwerfällig und wenig anmutig wird und die ihren Füßen und Fersen schaden, ganz zu schweigen vom Rücken. Fünf bis siebeneinhalb Zentimeter hohe, nicht zu spitze Schuhe sorgen für den elegantesten Gang und sind viel weniger schädlich für die Wirbelsäule, die auch ohne eine zusätzliche Belastung durch Pfennigabsätze genug zu leiden hat!
Sobald Sie bemerken, dass ihre Schuhe abgetragen sind, sollten Sie sie reparieren lassen. Für einen gesunden Rücken und einen fließenden, eleganten Gang ist es absolut notwendig, dass Absätze und Sohlen in Ordnung sind.

Bewegungen: Gestik und Mimik

Um eine anziehende Persönlichkeit zu sein, muss man sich elegant und geschmeidig bewegen können.

Angenommen, Sie bewegen sich sehr viel, Ihre Bewegungen sind ausladend und übertrieben. Dann müssen Sie lernen, diese zu kontrollieren und sich etwas zurückzunehmen. Ausladende und unkontrollierte Bewegungen deuten auf einen extrovertierten, schillernden Charakter hin, der auf andere Leute ermüdend wirken kann. Sollten Sie zu dieser Kategorie Menschen gehören, lernen Sie Ihre Bewegungen zu mäßigen.

Introvertierte Menschen hingegen setzen Bewegungen meist nur sehr sparsam ein. Gehören Sie zu jenen Menschen, müssen Sie lernen Ihren Körper ein wenig zu lockern. Stellen Sie sich vor, Sie würden eine Art gefühlsmäßige Zwangsjacke tragen – reißen Sie sie in Fetzen, damit die Anziehungskraft und der persönliche Charme zum Vorschein kommen können, die tief in Ihrem Innern schlummern!

Die Bewegungen zu kontrollieren bedeutet gleichzeitig auch die Gefühle zu kontrollieren, denn unsere Bewegungen spiegeln unsere Gefühle wider.

Werden Sie sich Ihrer Bewegungen bewusst

Würden Sie gerne wissen, wie Sie Ihre Gesten beschreiben können? Sind Sie sich ihrer Gestik wirklich bewusst? Um seine Gesten ändern zu können, muss man mit ihnen erst einmal vertraut sein. Sollten Sie Zweifel haben, wird Ihnen der folgende Test helfen herauszufinden, wie Sie sich in verschiedenen Situationen bewegen.

Test: Welche Gestik setzen Sie ein?

Es folgt eine Liste von Adjektiven, mit deren Hilfe Sie Ihre Gesten beschreiben können:
ausladend, schroff, zurückhaltend, unstet und fahrig, unsicher, langsam, unbeholfen, überlegt, übertrieben, sparsam, flink, präzise, ruckartig, steif.
Verwenden Sie zur Beantwortung folgender Fragen jeweils drei der oben genannten Adjektive:

1. Wenn Sie sich morgens waschen, sind Ihre Bewegungen:

a) auslandend b) präzise c) überlegt

2. Wenn Sie Ihren Koffer packen, sind Ihre Bewegungen:

a) langsam b) präzise c) überlegt

3. Wenn Sie sich zum Ausgehen fertigmachen und bemerken, dass die Zeit knapp wird, sind Ihre Bewegungen:

a) ruckartig b) flink c) überlegt

4. Wenn Sie etwas, das zerbrochen ist, wieder zusammenleimen, sind Ihre Bewegungen:

a) langsam b) überlegt c) präzise

5. Wenn Sie mit Ihren Freunden entspannt zusammensitzen, sind Ihre Bewegungen:

a) auslade b) übertrieben c) überlegt

6. Wenn Sie arbeiten und wissen, dass Ihnen jemand zuschaut, sind Ihre Bewegungen:

a) langsam b) überlegt c) präzise

7. Wenn Sie bei einem Abendessen am Kopfende eines riesigen Tisches sitzen, sind Ihre Bewegungen:

a) langsam b) überlegt c) präzise

Auswertung

Schreiben Sie die Adjektive, die mehr als dreimal auf Ihrer Liste auftauchen, auf ein separates Blatt. Sie vermitteln Ihnen bereits ein ganz gutes Bild von der Art und Weise, wie Sie Ihren Körper bewegen. Nun sind Sie bereit für eine Übung, mit deren Hilfe Sie lernen können, wie man sich seiner Gesten absolut bewusst wird.

Übung: Mimik

Diese Übung eignet sich ganz allgemein hervorragend für alle Stresssituationen, d.h. immer wenn Sie das Gefühl haben, Sie könnten etwas mehr Selbstbewusstsein gebrauchen.

1. Machen Sie es sich vor dem Spiegel bequem.
2. Stellen Sie sich vor, Sie seien zu einer Party eingeladen. Sie stehen, halten ein Glas in der Hand und befinden sich mitten in einem Gespräch mit einem anderen Gast. Ein Kellner nähert sich Ihnen mit einem Tablett Hors d'œuvres.
3. Analysieren Sie nun jede einzelne Ihrer Gesten:

Sie lächeln denjenigen an, der das Tablett hält, und sehen ihm dabei fest in die Augen.

Ohne Ihre Hände zu bewegen, werfen Sie einen Blick auf die Häppchen auf dem Tablett.

Sie heben langsam Ihre freie Hand und greifen nach dem Häppchen, das am nächsten liegt.

Sie nehmen ganz ruhig das Schnittchen auf und lächeln die Person an, mit der Sie zuvor gesprochen haben, bevor Sie einen Bissen nehmen.

Diese äußerst einfache, aber sehr wirkungsvolle Übung kann an jede Situation angepasst werden. So können Sie sich beispielsweise auch vorstellen, Sie befänden sich an der Kasse eines Supermarktes, bezahlten Ihren Einkauf und packten die Waren in einen Karton.

Erstellen Sie eine Liste von allen Situationen, in denen Sie sich immer unbeholfen und linkisch bewegen, und passen Sie sie an diese Übung an. Schon nach wenigen Tagen werden sich die ersten Resultate einstellen.

Übung: Ruhig bleiben

Gehören auch Sie zu den Menschen, die beim Reden viel gestikulieren? Dann wird Ihnen diese Übung zeigen, wie Sie Ihre Gestik sparsamer einsetzen können, wenn Sie mit Freunden und Kollegen sprechen.

1. Setzen Sie sich bequem vor Ihren alten Getreuen, den Spiegel.
2. Erzählen Sie sich die Geschehnisse des Tages oder etwas anderes, das Ihnen in den Sinn kommt, ohne dabei irgendeine Geste zu machen. Fangen

Sie von vorne an, wenn Sie auch nur den kleinen Finger bewegt haben.
Die erste Sitzung sollte nicht länger als drei Minuten dauern. Wenn Sie sich daran gewöhnt haben, können Sie sie etwas ausdehen. Können Sie sich nach einigen Wochen 15 Minuten lang eine Geschichte erzählen, ohne sich zu rühren, dann haben Sie es geschafft. Sie werden Ihren Freunden und Kollegen ruhig entgegentreten können und Sie werden gesammelt und überzeugend wirken.
So können Sie auf natürliche Weise lernen Ihre Bewegungen sparsamer einzusetzen.
Noch ein Rat: Lesen Sie ein Buch über Benimmregeln und Etikette, wenn Ihre Gesten selbstbewusster und schwungvoller werden sollen. Wir haben dies bereits im vorangegangenen Kapitel über Schüchternheit und Unsicherheit erwähnt, als Tipp, um im Umgang mit anderen Menschen selbstsicherer auftreten zu können. Was glauben Sie, wie viele unbeholfene Bewegungen auf einen Mangel an Selbstbewusstsein zurückzuführen sind? Wenn Sie genau wissen, was Sie in bestimmten Situationen tun oder unterlassen sollten, dann werden Sie Ihre Gesten besser kontrollieren und bewusster einsetzen können, außerdem wirken sie natürlicher. Dies wird Ihnen eine Gefühl der Sicherheit vermitteln, wodurch wiederum Ihr Selbstvertrauen gestärkt wird.

Wie steht's mit Ihrem Händedruck?

Vermutlich wissen Sie bereits, dass Händeschütteln eine wichtige Geste ist, auf die hin viele Menschen ihr Gegenüber sofort einschätzen.

Können Sie Ihren Händedruck beschreiben? (Falls nicht, bitten Sie jemanden, dies zu tun.) Schreiben Sie es auf: Mein Händedruck ist …

Haben Sie schon mal jemandem die Hand geschüttelt, der Ihnen fast die Finger zerquetscht hätte? Oder hatten Sie bei der Begrüßung schon einmal den Eindruck, einen toten Fisch in der Hand zu halten, weil die Hand des Gegenübers lasch, feuchtkalt und klebrig war?

Der ideale Händedruck ist fest und trocken. Analysieren Sie Ihren und versuchen Sie ihn zu ändern, falls dies nötig ist. Bedenken Sie, dass der Händedruck eines der Puzzleteilchen ist, die ihre Persönlichkeit ausmachen.

Das Gesicht

Das Gesicht ist meist das Erste, was andere Leute wahrnehmen. Man kann untadelig gekleidet sein, gehen wie Greta Garbo und jede seiner Gesten unter Kontrolle haben – wenn der Gesichtsausdruck verschlossen oder abweisend ist oder die Mundwinkel vor Anspannung zusammengekniffen sind, dann wird man auf andere nicht sonderlich anziehend wirken.

Also sollten wir uns ein wenig Zeit nehmen, um über die „Maske" nachzudenken, mit der wir uns jeden Tag der Außenwelt präsentieren. (Wussten Sie, dass das Wort „Persönlichkeit" von „persona" stammt, was nichts anderes heißt als Maske?)

Wie man seine Tics loswird

Wir alle haben irgendeinen Tic. Manche Menschen blinzeln sehr häufig, andere runzeln die Stirn oder kräuseln aus irgendwelchen Gründen ihre Nase, wieder andere beißen sich ständig auf die Lippen, usw.

Tics sind die körperliche Ausprägung psychischer Probleme, die häufig auf sehr tiefgehene Ursachen zurückzuführen sind. Was können Sie tun, um sich von diesen zu befreien?

Die Ursache finden

Ideal wäre es, mithilfe eines Therapeuten nach den Ursachen für einen Tic zu forschen. „Ich werde aber keinen Psychotherapeuten aufsuchen, bloß weil ich einen kleinen Tic habe!", sagen Sie jetzt bestimmt. Warum nicht? Wenn ein Tic Ihr Leben zerstören kann, weil er sie lächerlich wirken lässt, weil andere Leute sich höhnisch oder abfällig darüber äußern – dann tun Sie etwas dagegen!

Sind Ihre Tics Ihrer Ansicht nach zu geringfügig, als dass Leute sich darüber lustig machen würden, oder wenn Sie die Ursachen bereits kennen (Linkshänder haben beispielsweise oft ein Augenzucken), dann können Sie mithilfe der folgenden Anleitungen diese Tics kontrollieren lernen oder auch sogar ganz loswerden:

- Streichen Sie sich die Haare so ins Gesicht, dass möglichst viel Haut bedeckt ist. Stellen Sie sich vor, die Haare auf Ihrer Stirn und Ihren Wangen seien eine Art „Zucken-Auslöser".
- Lassen Sie Ihre Augen regelmäßig vom Augenarzt kontrollieren. Das ist sehr wichtig.

- Tragen Sie eine Sonnenbrille (von guter Qualität natürlich), wenn die Sonne kräftig scheint – aber NUR bei Sonnenlicht!
- Massieren Sie jeden Tag Ihr Gesicht mit den Fingerspitzen in weichen Aufwärtsbewegungen. Verwenden Sie eine nichtfettende Creme für die Massage (auch Männer!). Cremes auf Vitamin-E-Basis sind sehr gut für die Haut und fetten nicht.
- Lächeln Sie viel oder lachen Sie laut – lassen Sie Ihre Fröhlichkeit heraus. Es gibt nichts Besseres, als sich zu entspannen, wenn man nervöse Tics loswerden möchte.

Achten Sie darauf, wie Sie andere Menschen ansehen

Welche Art von Blick haben Sie? Ist er stetig oder schweift er ab, ist er warm oder kalt, direkt, amüsiert, traurig ...? Haben Sie schon einmal bemerkt, wie groß die Zahl der Adjektive ist, mit denen man einen Blick beschreiben kann? Sie geht in die Tausende!

Sicher ist Ihnen auch schon aufgefallen, dass in den meisten Romanen, egal welchen literarischen Wert sie auch haben mögen, immer die Augen einer Person erwähnt werden – selbst wenn man sonst nicht viel über sie erfährt. Viele Autoren halten sich nicht mit detaillierten Beschreibungen einer Person auf, doch immer, ohne Ausnahme, liefern sie dem Leser Informationen über den Ausdruck in den Augen, die Augenfarbe und die Augenform.

Die Augen sind die wichtigsten Mittler zwischen unserem Gehirn und der Außenwelt. In der Mythologie nehmen sie eine besondere Stellung ein – vielleicht kennen Sie das „dritte Auge" in der orientalischen und die einäugigen Zyklopen in der griechischen Mythologie.

Ich erwähne dies hier nur, damit Sie sehen, wie wichtig es ist, mit welchem Blick man andere Menschen ansieht. Der Blickkontakt ist einer der Hauptfaktoren dafür, wie die eigene Persönlichkeit nach außen wirkt.

Wie sollte man jemanden ansehen?

Im Allgemeinen wird ein ausweichender Blick mit Unsicherheit oder Unehrlichkeit in Verbindung gebracht, während ein offener, direkter Blick auf Stärke und Redlichkeit hindeutet. In Wirklichkeit ist die richtige Interpretation eines Blickes sehr viel schwieriger.

Schüchterne Menschen sehen andere oft mit einem aggressiven, fast überheblichen Blick an. Sie fühlen sich ständig in die Defensive gedrängt, da sie fest davon überzeugt sind, dass andere sie für minderwertig halten. Dies versuchen sie dadurch zu kompensieren, dass sie Verachtung in ihren Blick legen. Das ist ein großer Fehler! Aggression, Geringschätzung, Überheblichkeit oder Arroganz im Blick können einen Mangel an Selbstsicherheit ebenso gut erkennen lassen wie ein gesenkter oder ausweichender Blick!

Wenn Sie sich zwingen anderen Leuten immer direkt in die Augen zu sehen, kann das leicht als „Anstarren" ausgelegt werden, sodass andere sich unter dem Blick unwohl fühlen und darauf mit Flucht oder Aggression reagieren.

Vielleicht wissen Sie, dass viele Säugetiere, vor allem Katzen, kurz vor dem Angreifen Augenkontakt suchen – die Katze, die ihren Blick als erste senkt, signalisiert ihre Unterwerfung. Es heißt, dass manche Affenarten äußerst gereizt und wütend werden, wenn man ihnen in die Augen sieht.

Es folgt eine Übung, die Ihnen helfen soll den Ausdruck Ihrer Augen bewusst zu steuern und umsichtig einsetzen zu lernen.

Übung: Wie man einen „unwiderstehlichen Blick" entwickelt

1. Machen Sie es sich vor Ihrem Spiegel bequem und sehen Sie sich an.
2. Lassen Sie den Blick über Ihr ganzes Gesicht schweifen und mustern Sie die Augenwinkel, die Stirn, die Nasenwurzel, das Kinn und die Wangen.
3. Kehren Sie zu Ihren Augen zurück. Sehen Sie sich in die Augen und konzentrieren Sie sich auf die Umgebung Ihrer Augen. Tun Sie das einige Minuten lang. Führen Sie diese Übung regelmäßig durch, möglichst ein-, zweimal pro Tag.

Manche Menschen beklagen sich, dass es ermüdend ist, jemand anderen länger anzusehen. Unsere Augen sind jeder Menge Stress ausgesetzt. Umweltgifte, Luftverschmutzung, schlechte Lichtverhältnisse, Sonnenstrahlen, bestimmte Aktivitäten (z.B. Lesen, Arbeiten am Computerbildschirm oder am Mikroskop, Näh- oder Stickarbeiten, Nachtfahrten, etc.) fügen ihnen Schaden zu.

Augenübungen (z.B. Yogaübungen) sind ein wirksames Mittel, um die so genannte Augenmüdigkeit zu bekämpfen.

Ihre Stimme

Ihre Stimme ist eine ebenso mächtige Waffe wie Ihr Blick. Sie kann bezaubern und beruhigen oder wütend machen und reizen. Im Idealfall ist die Stimme ruhig, ohne jedoch einschläfernd zu wirken!

Viele von uns sind mit Stimmen behaftet, die in unserer Gesellschaft als unangenehm gelten. Ich beziehe mich hier vor allem auf schrille, hohe Stimmen. Sollten Sie eine solche Stimme haben, bedauern Sie das vermutlich und tun ihr Bestes, um leise zu sprechen. Stopp! Wenn Sie nicht in normaler Lautstärke sprechen, schaden Sie Ihren Stimmbändern. Akzeptieren Sie die Stimme, mit der Sie geboren wurden. Es ist Ihre, sie passt zu Ihrer Persönlichkeit, so wie Ihre Augenfarbe automatisch zu Ihrer Hautfarbe passt.

Auch wenn manche snobistische Zeitgenossen gerne ein vorschnelles Urteil fällen, sind manche hohen Stimmen kräftig und klangvoll und keineswegs so schrill, durchdringend und grell, wie oft behauptet wird. Sie können sehr angenehm klingen. Umgekehrt kann eine tiefe Stimme rau oder knurrend klingen und beim Zuhörer den Wunsch wecken, dem Sprecher zu Hilfe zu eilen, bevor dieser einen Hustenanfall bekommt. Also urteilen Sie nicht vorschnell, egal ob Sie nun eine hohe oder eine tiefe Stimme besitzen.

Sicherlich ist eine angenehme und weiche Stimme im Leben von Vorteil. Wenn sie eine Liste von jenen Leuten in Ihrem Bekanntenkreis aufstellen, die Sie bewundern, werden Sie vermutlich merken, dass eine der Eigenschaften, die Sie so anziehend finden, deren Stimme ist.

Arbeiten Sie an Ihrer Stimme

Wer eine Karriere als Theaterschauspieler anstrebt, muss sich berufsbedingt mit seiner Stimme und Aussprache auseinandersetzen, doch Sprechunterricht gibt es nicht nur für Schauspieler. Wenn Sie glauben, Sie müssten an Ihrer Stimme arbeiten, dann belegen Sie einen solchen Kurs. Schon nach kurzer Zeit werden sich die Leute nach Ihnen umdrehen, sobald Sie in einer Gruppe das Wort ergreifen. Die positive Veränderung Ihrer Stimme wird Ihnen wie ein Wunder vorkommen!

In den Ohren anderer Leute klingt Ihre Stimme anders als in Ihren eigenen. Um also zu wissen, wie Ihre Stimme wirklich klingt, sollten Sie sich auf Band aufnehmen (nehmen Sie ein gutes Gerät). Wenn Sie sich noch nie auf Band gehört haben, machen Sie sich auf eine Überraschung gefasst! Sie werden Ihre Stimme so hören, wie sie für andere klingt.

Die Stimme fügt einer verbalen Botschaft gewisse Nuancen hinzu. Sie kann sogar eine Nachricht völlig verändern. Es heißt, dass Lord (Laurence) Olivier seine Freunde zu Tränen rühren konnte, indem er schlicht das Alphabet aufsagte!

Wenn Sie keine Lust (oder nicht die finanziellen Mittel) für Sprechunterricht haben, dann wird Ihnen folgende kurze Übung, mit deren Hilfe sich Ihre stimmlichen Qualitäten verbessern lassen, weiterhelfen können.

Übunge: Stimme und Ausdruck

1. Lesen Sie einen Text von 300 Wörtern in Ihrer Muttersprache laut vor und nehmen Sie sich dabei auf. (Sie können es natürlich auch mit fremdsprachigem Text versuchen.)
2. Hören Sie sich das Band an. Notieren Sie, was Ihnen an Ihrer Stimme nicht gefällt.
3. Lesen Sie den Text noch einmal. Berücksichtigen Sie dabei Ihre Notizen. Korrigieren Sie sich. Lassen Sie sich Zeit. Versuchen Sie langsamer zu sprechen und deutlich zu artikulieren, dabei aber natürlich zu klingen.
4. Legen Sie nach ein paar Tagen den Text zur Seite. Setzen Sie sich jeden Tag nach der Arbeit vor das Mikrofon und erzählen Sie sich beispielsweise, was an dem Tag alles passiert ist. Versuchen Sie beim Thema zu bleiben, ohne jedoch trocken zu klingen. Hören Sie sich beim Sprechen zu, artikulieren Sie sorgfältig, aber nicht übertrieben.

Wenn Sie diese Übung einige Monate lang regelmäßig durchführen, dann werden Sie eine deutliche Verbesserung Ihrer Aussprache und Ihrer stimmlichen Qualitäten feststellen.

Schicken Sie Freunden eine Kassette, statt ihnen zu schreiben. Nehmen Sie Geschichten für Ihre Kinder auf. Diktieren Sie Ihre Post auf Band. Sie können sicher sein, dass eine deutliche Aussprache und eine ruhige, gesammelte und freundliche Stimme Ihnen im Leben von enormem Nutzen sein wird. Menschen werden Sie mögen, Ihnen zuhören und Ihnen viel schneller vertrauen, wenn Sie wissen, wie Sie sie mit Ihrer Stimme bezaubern können.

Zusammenfassung

Zuerst haben Sie mithilfe eines Tests versucht herauszufinden, wie Sie zu Ihrem Körper stehen und eventuell entdeckt, dass Ihre Einstellung zu Ihrem Körper nicht sonderlich positiv ist.

Eines der grundlegenden Elemente persönlicher Ausstrahlung ist das körperliche Wohlempfinden. Wenn Sie sich in Ihrer Haut nicht wohl fühlen, wird das in Ihrer Persönlichkeit sichtbar – wodurch es nahezu unmöglich wird, Einfluss auf andere auszuüben.

Arbeiten Sie daran, die Komponenten Ihrer Anziehungskraft – Haltung, Gestik, Blick und Stimme – zu verbessern.

Mit den entsprechenden Übungen dürfte dies nicht allzu schwer sein. Bereits nach wenigen Wochen werden Sie den Unterschied bemerken. Ohne genau zu wissen wie und warum, besitzen Sie plötzlich jenen Charme und die Anziehungskraft, die Sie vorher nicht hatten. Sie werden das Gefühl haben, dass Ihre Kleider Ihnen besser stehen, dass Sie auf andere attraktiver und offener wirken und dass Sie auf dem besten Weg sind, zu Ihrem Körper eine harmonische Beziehung aufzubauen.

Wie Sie Ihre Gefühle beherrschen lernen

Warum ist es so wichtig, seine Gefühle beherrschen zu können?

Überlegen Sie einmal, wie sich Menschen, die Sie charismatisch finden, verhalten. Haben Sie schon einmal erlebt, dass so jemand vor Empörung stottert, vor Wut tobt, bis unter die Haarwurzeln errötet oder wie ein kopfloses Huhn herumrennt?

Sicherlich nicht. Im Gegenteil – eine der Eigenschaften, die man an solchen Menschen am bemerkenswertesten findet, ist eben gerade jene Ruhe und Gelassenheit, die sie ausstrahlen, egal was passiert. Sie wirken ausgeglichen und mit sich selbst im Reinen. Obwohl diese Menschen sehr sensibel sind, besitzen sie die – entweder erworbene oder natürliche – Fähigkeit, ihre Gefühle zu kontrollieren.

Das heißt nicht, dass man Gefühle ganz aus seinem Leben streichen sollte. Gefühle bewegen uns zum Handeln und machen uns empfänglich für die Bedürfnisse anderer. Gefühle sind ein typisch menschlicher Wesenszug und sie sind nur schädlich, wenn sie uns entgleiten und übermannen, d.h. wenn wir sie nicht kontrollieren können.

Welche konkreten Vorteile bringt die Beherrschung der Gefühle mit sich?

1. Sie verlieren das Lampenfieber

Wenn Sie unsicher und schüchtern sind und wenig Selbstvertrauen haben, dann kennen Sie sicherlich jenes grauenhafte, unkontrollierbare Gefühl von Lampenfieber. Vielleicht sind Sie deswegen schon einmal durch eine mündliche Prüfung gefallen oder haben eine Stelle nicht bekommen, die Sie sich sehnlichst gewünscht haben. Oder Sie haben nie gewagt jemandem, den Sie sehr mögen, Ihre Gefühle zu offenbaren.

Wenn Sie es schaffen, das Lampenfieber zu überwinden, werden Sie ein ganz neues Lebensgefühl kennen lernen. Und Sie brauchen sich deswegen auch nicht zu schämen! Selbst berühmte Leute wie Marlene Dietrich und Steven Spielberg haben zugegeben, dass sie im Laufe ihrer Karriere manchmal unter fürchterlichem Lampenfieber litten.

2. Sie verfügen über viel mehr Energie

Unkontrollierte Gefühle verbrauchen einen enorm hohen Anteil unserer körperlichen und geistigen Energie.

Durch Gefühle hervorgerufene Reaktionen unseres Körpers wie Hautausschläge, Zittern der Hände und der Knie, nach Luft ringen, übermäßiges Schwitzen, Herzrasen, Übelkeit und Schlaflosigkeit verbrauchen riesige Energiemengen und erschöpfen uns. Wer nicht lernt seine Gefühle zu beherrschen, wird am Ende eines Tages oft völlig erschöpft sein, und das ohne jeden Grund.

Charismatische Menschen wirken immer ausgeruht und stets bereit etwas Neues in Angriff zu nehmen. Haben Sie sich nicht auch schon oft den Kopf darüber zerbrochen, wie Ihnen das gelingt? Nun, das ist zu einem großen Teil darauf zurückzuführen, dass sie ihre Gefühle im Griff haben, denn dadurch können sie viel schneller wieder ihre Energiereserven auftanken, Kraft schöpfen und ihr Wahrnehmungsvermögen schärfen. Wenn sie dann mit einer jener unangenehmen Überraschungen konfrontiert werden, die das Leben ab und zu für uns bereithält, sind sie wieder voll einsatzfähig.

3. Sie sind gesünder

Wer über viel Energie verfügt, ist automatisch auch gesünder. Es ist wohl leicht nachzuvollziehen, dass man Krankheiten und Depressionen besser bekämpfen kann, wenn man seine Energie nicht durch übertriebene emotionale Reaktionen erschöpft hat.

Zudem ist man weniger anfällig für Stress und dessen negative Auswirkungen wie Bluthochdruck, Hautprobleme, Allergien, Migräne, etc. Sie werden gesund und ausgeglichen wirken und von anderen darum beneidet werden.

4. Sie wirken glaubwürdiger

Wer jeden Tag Tobsuchtsanfälle bekommt, Tränen vergießt und mit den Zähnen knirscht, darf sich nicht wundern, wenn er von anderen mit der Zeit nicht mehr ernst genommen wird, denn wie heißt es so schön? „Hunde, die bellen, beißen nicht." Legen Sie dieses Image ab, und zwar schleunigst. Stellen Sie Ihre Glaubwürdigkeit wieder her! Nur in sich ruhende Menschen, die ausgeglichen und gelassen wirken, sind fähig, andere zu überzeugen und dazu zu bringen, sie zu respektieren und zu bewundern. Seien Sie ehrlich: sind nicht auch Sie eher geneigt jemandem zuzuhören, der etwas auf ruhige, aber bestimmte Art sagt, als jemandem, der völlig aufgeregt und womöglich rot bis über beide Ohren wirre Sätze stammelt?

Test: Sind Sie emotional ausgeglichen?

Wählen Sie jeweils eine Antwort.

1. Wie ziehen Sie es vor zu arbeiten?

a) alleine

b) in einer Gruppe

c) in einem kleinen Team

2. Wenn Sie sich einen traurigen Film ansehen, dann weinen Sie

a) oft

b) nie

c) manchmal

3. Ein wütender Kollege hat Sie in eine unmögliche oder absurde Situation gebracht. Wie reagieren Sie?

a) Sie verlassen die Szene so schnell wie möglich.

b) Sie werden aggressiv.

c) Sie bitten den Firmenchef einzugreifen.

4. Wie häufig nehmen Sie berufliche Probleme mit nach Hause oder häusliche mit zur Arbeit?

a) oft

b) selten

c) manchmal

5. Wie reagieren Sie auf einen Misserfolg?

a) Sie analysieren die Gründe und Ursachen, auf die der Misserfolg zurückzuführen ist.

b) Sie versuchen ihn so schnell wie möglich zu vergessen.

c) Sie sind sehr deprimiert.

6. Sie servieren einigen Gästen ein Fleischgericht, das nicht ganz gelungen ist. Was tun Sie?

a) Sie sind so verlegen und peinlich berührt, dass der ganze Abend verdorben ist.

b) Sie machen eine witzige Bemerkung und rufen den Pizzaservice an.

c) Sie hoffen, dass es keiner bemerkt.

7. Bewahren Sie Dinge auf, die Ihnen am Herzen liegen (z.B. Liebesbriefe, Schulhefte, Reiseandenken)?

a) Sie heben alles auf.

b) Sie heben nur einige wenige Dinge auf.

c) Sie heben gar nichts auf.

8. Sie finden heraus, dass jemand Sie kritisiert hat.

a) Sie sagen sich, dass diese Person das Recht dazu hat.

b) Sie tun so, als wüssten Sie nichts davon.

c) Sie rufen sofort denjenigen oder diejenige an und fordern eine Erklärung.

9. Sind Sie ängstlich?

a) nie

b) manchmal

c) oft

10. Haben Sie Angst vor der Zukunft?

a) nicht im geringsten

b) ein wenig

c) sehr viel

11. Wenn Ihr Chef Sie wegen eines Fehlers rügt,

a) geraten Sie völlig aus der Fassung.

b) versuchen Sie die Schuld auf jemand anderen zu schieben.

c) erklären Sie, warum Sie unter diesen Umständen so reagiert haben.

12. Sie haben die Rechnung des Kfz-Mechanikers, der Ihren Wagen repariert hat, bereits bezahlt, doch das Auto läuft nicht.

a) Sie werden wütend und drohen nie wieder mit ihm zu sprechen.

b) Sie fordern, dass er sich den Wagen noch einmal vornimmt und die Arbeit korrekt ausführt.

c) Sie wechseln den Mechaniker.

13. Glauben Sie, dass andere Leute

a) Sie unterschätzen?

b) um Ihren wahren Wert wissen?

c) Sie überschätzen?

14. Wenn Sie eine anspruchsvolle Arbeit ausführen, dann

a) lassen Sie sich leicht ablenken.

b) konzentrieren Sie sich so sehr, dass Sie nahezu alles um sich herum vergessen.

c) konzentrieren Sie sich, bekommen aber noch mit, was sich um Sie herum abspielt.

15. Ihr Ehepartner beklagt sich, weil Sie

a) Ihre Gefühle nicht richtig zeigen.

b) zu gefühlsbetont sind.

c) zu verstandesbetont sind.

16. In einem Notfall

a) gehen Sie das Problem Schritt für Schritt an.

b) geraten Sie in Panik.

c) reagieren Sie mechanisch, ohne nachzudenken.

17. Ihre Wut ist:

a) explosiv

b) kalt

c) selten

18. Wenn Sie sich mit einem Freund/einer Freundin treffen, den/die Sie lange nicht gesehen haben, dann

a) begrüßen Sie ihn/sie begeistert.

b) drücken Sie Ihre Freude aus ihn/sie wiederzusehen, sind aber eher zurückhaltend.

c) begrüßen Sie ihn/sie, als hätten Sie sich am Abend zuvor das letzte Mal gesehen.

19. Wenn Sie jemanden zurechtweisen müssen, dann

a) hören Sie sich dessen Argumente an, ohne sich jedoch beeinflussen zu lassen.

b) weigern Sie sich irgendwelche Erklärungen anzuhören.

c) lassen Sie sich überzeugen und vergessen den Tadel.

20. Wenn Sie einen Vortrag halten müssen,

a) haben Sie fürchterliches Lampenfieber.

b) sind Sie ganz ruhig und sagen das, was Sie zu sagen haben.

Auswertung

1. a=5, b=3, c=1	2. a=5, b=1, c=3	3. a=1, b=5, c=3
4. a=5, b=1, c=3	5. a=3, b=1, c=5	6. a=5, b=3, c=1
7. a=5, b=3, c=1	8. a=3, b=1, c=5	9. a=1, b=3, c=5
10. a=1, b=3, c=5	11. a=1, b=5, c=3	12. a=5, b=3, c=1
13. a=5, b=3, c=1	14. a=5, b=1, c=3	15. a=1, b=5, c=3
16. a=3, b=5, c=1	17. a=5, b=1, c=3	18. a=5, b=3, c=1
19. a=3, b=1, c=5	20. a=5, b=1, c=3	

70 bis 100 Punkte: Sie sind zu gefühlsbetont. Sie wissen nicht genau, wie Sie ihre Gefühle kontrollieren sollen, und möglicherweise bekommen Sie das in Ihren Beziehungen zu anderen Menschen deutlich zu spüren. Sie machen viel Geschrei um nichts, aber wenn die Zeit zu handeln gekommen ist, dann machen Sie eine Kehrtwendung und reagieren mit Verwirrung. Die Leute wissen nie, was Sie von Ihnen halten sollen. Ihre Reaktionen sind oft übertrieben und einer Situation unangemessen. Sie werden entweder aggressiv oder deprimiert.
Sie pendeln zwischen Euphorie und Verzweiflung. Enge Freunde finden Sie etwas ermüdend und Sie ermüden sogar sich selbst, da Sie sehr viel Energie verschwenden.
Vermutlich haben Sie – zu Recht – den Eindruck, dass andere Sie nicht voll anerkennen. Ihre Launen und wechselhaften Stimmungen schrecken wahrscheinlich viele Menschen ab, die unter anden Umständen von Ihrer Gesellschaft durchaus profitieren könnten.
Lernen Sie Ihre Gefühle zu beherrschen, dadurch werden Sie gelassener, ausgeglichener und glaubwürdiger und Ihre Freundschaften harmonischer.

40 bis 69 Punkte: Sie sind emotional ausgeglichen. Vielleicht bekommen Sie ab und zu einen kleinen Wutanfall, machen sich gelegentlich Sorgen oder haben Probleme sich zu konzentrieren. Aber Sie wissen, wie Sie Ihre Gefühle ausdrücken können, ohne andere Menschen vor den Kopf zu stoßen. Sie hegen weder Groll gegen sich noch gegen andere. Sie haben Ihren inneren Frieden gefunden und sind fähig objektiv zu urteilen.
Auch wenn Sie gelegentlich unter einem kleinen Anfall von Lampenfieber leiden, sind Sie imstande diese Situationen zu meistern. Ihr Privatleben ist

vermutlich ausgeglichen und Ihre Beziehungen zu anderen Menschen sind im Allgemeinen locker und zwanglos. Andere Menschen respektieren, ja bewundern Sie höchstwahrscheinlich sogar.
Menschen fühlen sich in Ihrer Gesellschaft wohl, weil sie Sie einschätzen können, ohne Sie jedoch für langweilig oder durchschaubar zu halten.

Weniger als 40 Punkte: Sie unterdrücken Ihre Gefühle. Sie werden vollständig vom Verstand und Ihrem Pflichtgefühl geleitet. Sie sind gewissenhaft und fest entschlossen alles, was Sie in die Hand nehmen, bis ins kleinste Detail durchzuplanen. Sie sind ein hervorragender Stratege. Ihre logische Beweisführung ist hieb- und stichfest.
Vermutlich explodieren Sie nie, entwickeln jedoch eine kalte und gefährliche Wut. Dann ziehen Sie sich völlig zurück und nähren Ihre Feindseligkeit im Geheimen. Sie sind fähig lange zu hassen. Sie vergessen Fehler nie, weder Ihre eigenen noch die anderer.
Andere Menschen halten Sie für kalt und unnahbar, unfähig zu Mitgefühl. Selbst diejenigen, die Ihnen nahe stehen und die Sie selbst innig lieben, wissen nicht, was in Ihnen vorgeht – Sie zeigen Ihre Gefühle nie und so fragen andere sie ständig, was Sie für sie empfinden. Seine Gefühle zu kontrollieren heißt keinesfalls sie zu unterdrücken. Man muss nur darauf achten, dass sie nicht zu wichtig werden, nicht zu viel Raum im Leben einnehmen.
Bei jemandem, der seine Gefühle zu sehr unterdrückt, treten genau die gleichen Symptome auf wie bei jemandem, der zu gefühlsbetont ist. Es kostet zu viel Energie, alles in sich hineinzufressen, und die Folge sind hoher Blutdruck, Migräne, Herzbeschwerden und Verdauungsprobleme, Schlaflosigkeit, Allergien, Hautprobleme, usw.
Sie stehen ständig unter Hochspannung. Da Sie nicht wissen, wie Sie diese Anspannung ausdrücken oder loswerden sollen, bilden sich bei Ihnen verschiedene körperliche Symptome aus. Sie sind wie ein Gummiband, das bis zum Zerreißen gespannt ist. An dem Tag, an dem es reißt, sollten Ihre Freunde Ihnen besser aus dem Weg gehen!
Dennoch besteht für Sie noch Hoffnung. Lesen Sie weiter und setzen Sie die Ratschläge, die Sie in diesem Kapitel finden, in die Tat um. Dieses Kapitel ist ebenso für Sie gedacht wie für Menschen, die ihre Gefühle überhaupt nicht kontrollieren können.

Vier goldene Regeln, die zu emotionaler Ausgeglichenheit führen

1. Lernen Sie sich zu entspannen

Es ist sicher leicht nachvollziehbar, dass Müdigkeit, geistige oder körperliche Anspannung, Nervosität oder Ängstlichkeit eine unnötige Energieverschwendung darstellen. Das wussten Sie bereits. Nun müssen Sie lernen Ihren Körper und Ihren Geist zu entspannen und all jene Dinge loszuwerden, die ständig Ihre Energiereserven leeren.

Geeignet sind alle Übungen, die Geist und Körper entspannen. Führen Sie diese jeden Abend durch, wenn Sie von der Arbeit nach Hause kommen (achten Sie darauf, dass Sie mindestens eine halbe Stunde lang nicht gestört werden) oder nachts, bevor Sie ins Bett gehen.

Sie können auch einen Yoga- oder Meditationskurs besuchen. Beides dient nicht nur der Entspannung, sondern auch der Verbesserung der motorischen Fähigkeiten und der Herstellung des seelischen Gleichgewichts. In der Zwischenzeit können Sie sich mit folgenden Entspannungsübungen behelfen.

Übung: Entspannen der Muskeln

1. Legen Sie sich auf Ihr Bett oder einen Teppich, und legen Sie ein kleines Kissen unter Ihren Kopf. Drehen Sie die Heizung auf, sodass Ihnen nicht kalt ist und schließen Sie die Augen.
2. Um Ihre Muskeln entspannen zu können, müssen Sie sie zunächst anspannen. Das ist sehr wichtig.
3. Beginnen Sie mit dem Gesicht. Spannen Sie Ihre Gesichtsmuskeln an. Halten Sie die Spannung, zählen Sie bis zehn und entspannen Sie sie dann komplett. Machen Sie dasselbe mit den Muskeln in den Oberarmen, den Unterarmen, den Händen, den Schultern, in der Brust, im Unterleib, den Oberschenkeln, den Unterschenkeln und den Füßen. Lassen Sie sich Zeit.
4. Wenn Sie völlig entspannt sind, stellen Sie sich vor, Sie könnten hören, wie sich Wellen an einem Strand brechen, oder noch besser: Kaufen Sie sich eine Kassette mit Meeresgeräuschen und spielen Sie diese während der Übung ab.

Übung: Visualisierung

Was ist Visualisierung? Das hört sich ziemlich mysteriös an, aber dahinter verbirgt sich lediglich das „Träumen im wachen Zustand".
Jeder kennt das. In jeder Phase unseres Lebens träumen wir davon, dass unsere Wünsche wahr werden oder stellen uns vor, wir befänden uns in bestimmten Situationen. Tatsächlich visualisieren wir fast ständig etwas.
Fangen Sie an diese außergewöhliche Fähigkeit zu ihrem Vorteil einzusetzen, z.B. als Mittel zur Entspannung.

1. Machen Sie es sich an einem ruhigen Plätzchen gemütlich. Das kann drinnen oder draußen sein, je nachdem, was Ihnen lieber ist. Setzen oder legen Sie sich bequem hin. Schließen Sie die Augen.
2. Denken Sie einige Minuten lang bewusst an gar nichts. Hängen Sie müßig einigen Gedanken nach, die Ihnen so durch den Kopf gehen, ohne sie zu unterbrechen.
3. Stellen Sie sich eine Landschaft vor, die Ihnen gefällt: eine kleine Landstraße mit blumengesäumten Rändern, einen Pfad im Gebirge, einen Sandstrand oder Ähnliches und schlendern Sie in Gedanken durch diese Gegend.
4. Versuchen Sie sich die Landschaft so detailliert wie möglich auszumalen – inklusive der Farben und Schatten.
5. Lauschen Sie den Geräuschen – den Insekten, dem Gezwitscher der Vögel, dem Rascheln der Blätter in den Bäumen, den herabdonnernden Wellen, etc.
6. Nehmen Sie die Gerüche der Natur wahr, von denen Sie umgeben sind. Atmen Sie tief ein. Fühlen Sie die Sonnenwärme auf Ihrem Rücken. Genießen Sie diesen zauberhaften Augenblick.
7. Sie können die Übung beenden, wann immer Sie wollen. War Ihre Visualisierung wirklich effektiv, dann benötigen Sie einige Minuten, um in die Realität zurückzukehren. Ruhen Sie sich noch etwas mit geschlossenen Augen aus. Dadurch vermeiden Sie die unangenehmen Gefühle, die bei einer vorübergehenden Orientierungslosigkeit auftreten.

Übung: Schaffen Sie sich eine Oase für Geist und Seele

Zahlreiche Studien über die Vorteile der Visualisierung haben gezeigt, wie wichtig es ist, sich eine ganz private Oase für Geist und Seele zu schaffen – einen Rückzugsort, den Sie ganz nach Ihrem Geschmack gestalten können, an den Sie sich immer ein paar Minuten lang zurückziehen können, wenn Sie sich entspannen oder beruhigen wollen – und zwar jederzeit.

Und so schaffen Sie sich eine solche Oase:

1. Machen Sie es sich an einem ruhigen Plätzchen bequem und schließen Sie die Augen.
2. Stellen Sie sich einen idyllischen Ort vor, einen Ort, an dem Sie sich gerne lange aufhalten würden. Das kann ein Zimmer sein, das Sie möbliert und eingerichtet haben, eine kleine Lichtung im Wald, das Ufer eines zederngesäumten Bächleins, eine Berghütte, ein mittelalterliches Kloster, eine Höhle, deren Boden mit feinem Sand bedeckt ist, ein englischer oder japanischer Garten – der Fantasie sind keine Grenzen gesetzt.
Ihr Rückzugsort kann komplett der Fantasie entsprungen, aber auch ein Ort sein, den Sie auf einer Reise entdeckt haben. Welche Wahl sie treffen, bleibt ganz Ihnen überlassen.
3. Inspizieren Sie Ihre Oase gründlich. Nehmen Sie die Gerüche wahr, lauschen Sie den Geräuschen. Diese Oase sollte Ihnen so vertraut werden wie Ihr Schlafzimmer. Wenn Sie wollen, können Sie auch gelegentlich die „Ausstattung" verändern. In der Fantasie ist alles erlaubt.
4. Ziehen Sie sich mindestens einmal pro Tag in Ihre Oase zurück. Sie ist Ihr geheimer Zufluchtsort, an dem Sie alle Sorgen, negativen Gefühle und Frustrationen abstreifen können. Sie können dorthin gehen, um ein Problem zu lösen, das Sie beschäftigt, um über Dinge nachzudenken oder einfach nur, um Ihre Entspannungsübungen zu machen.

2. Körperliche Betätigung

„Nicht schon wieder!", höre ich Sie sagen. Nun, Bewegung ist aber wichtig. Da Sport das körperliche und seelische Wohlbefinden fördert, zu mehr Selbstvertrauen verhilft und dadurch auch das Selbstbild verbessert, ist er ein wichtiges und sinnvolles Hilfsmittel, wenn man seine Gefühle in den Griff bekommen möchte.

Regelmäßig Sport treiben wirkt übermäßigem Schwitzen, Erröten, Zittern und Wutanfällen entgegen, und zwar ohne dass man sich dessen bewusst wird.

Betrachten Sie einmal Werbeanzeigen, auf denen erfolgreiche Menschen zu sehen sind. Sie werden schnell feststellen, dass ein erfolgreiches Image mit einem gesunden Körper in Verbindung gebracht wird. Also – worauf warten Sie noch?

Im Prinzip ist jede Art von Sport gut, doch einige Sportarten, z.B. Ausdauer- und Kampfsportarten, sind besser geeignet, um die emotionale Ausgeglichenheit zu fördern. Über erstere lassen sich Anspannung und Frustrationen auf harmlose Weise abbauen, während gleichzeitig der Körper gekräftigt wird und körperliche wie seelische Gesundheit verbessert werden. Kampfsportarten fördern die Konzentrationsfähigkeit, die dritte Vorraussetzung für emotionale Stabilität, wie Sie gleich im nächsten Abschnitt erfahren werden.

3. Lernen Sie sich zu konzentrieren

Haben Sie jemals versucht mit jemandem, der von seinen Gefühlen übermannt wurde, ein sinnvolles Gespräch zu führen?

Falls ja, haben Sie es vermutlich bald aufgegeben. Leute, die sich völlig von ihren Gefühlen leiten lassen, die ein Opfer von Stress und nervöser Anspannung sind, sind unfähig jemand anderem ihre volle Aufmerksamkeit zu schenken. Man hat das Gefühl, als rede man gegen eine Wand.

Wer sich in einem emotionsgeladenen Zustand befindet, der kann seine Gedanken nicht sammeln. Er stottert und stammelt, sagt alles, was ihm durch den Kopf geht, gestikuliert heftig, usw.

Wenn es Ihnen gelungen ist, mithilfe der in den vorangegangenen Kapiteln vorgestellten Techniken ein positives Selbstbild zu entwickeln, dann wird es für Sie nun auch wesentlich einfacher sein, mit anderen Leuten umzugehen. Sie lassen sich nicht mehr so schnell einschüchtern und sind imstande, sich auf das Thema einer Unterhaltung zu konzentrieren, statt darüber nachzudenken, was wohl andere Leute von Ihnen denken könnten.

Wie kann man lernen sich zu konzentrieren? Es ist ganz einfach – machen Sie jeden Tag ein paar Konzentrationsübungen.

Es gibt unzählige Arten von Konzentrationsübungen. Am bekanntesten sind Kreuzworträtsel, Wortspiele und Puzzles. Aber wenn Sie Ihre Konzentrationsfähigkeit verbessern wollen, dann müssen Sie dabei die Zeit stoppen. Geben Sie sich beispielsweise 20 Minuten, um eine Reihe von Problemen zu lösen, oder eine Stunde, um ein Kreuzworträtsel zu lösen, usw. Denn wenn Sie die Zeit nicht stoppen, dann hindert Sie nichts daran, gelegentlich Ihre Gedanken abschweifen zu lassen.

Es folgen einige Übungen, mit deren Hilfe sich die Konzentration verbessern lässt.

Übung: Spirale

Malen Sie auf einem weißen Blatt Papier eine möglichst gleichmäßige Spirale auf. Bedecken Sie ruhig das ganze Papier. Lachen Sie nicht – es erfordert eine Menge Konzentration, eine perfekte Spirale zu zeichnen.

Übung: Zählen

Wenn Sie in einem Wartezimmer beim Arzt oder Zahnarzt sitzen oder auf den Abflug Ihres Flugzeuges bzw. die Abfahrt Ihres Zuges warten, versuchen Sie doch einmal die Kacheln an den Wänden oder die Fliesen auf dem Boden zu zählen oder mit den Augen dem Muster auf der Tapete zu folgen. Das verbessert die Konzentrationsfähigkeit und verkürzt die Wartezeit beträchtlich. Im Prinzip sind alle Übungen, bei denen man sich eine Zeit lang auf einen bestimmten Punkt konzentriert, sehr wirkungsvoll.

Übung: Wolken

1. Legen Sie sich an einem warmen Tag auf den Rasen, an den Strand oder in den Liegestuhl im Garten und beobachten Sie die Wolken.
2. Versuchen Sie in den wechselnden Wolkengebilden Gegenstände, Menschen oder Tiere zu erkennen. Machen Sie diese Übung, solange Sie Lust haben. Sie ist hervorragend geeignet, um die Konzentrationsfähigkeit zu verbessern und macht nebenbei enorm Spaß!

4. Gewöhnen Sie sich an, ihre emotionalen Reaktionen zu analysieren

Gehen Sie abends, bevor Sie einschlafen, in Gedanken noch einmal alle Ereignisse des Tages durch, die eine Art gefühlsmäßigen Schock ausgelöst haben. Vollziehen Sie jedes Ereignis noch einmal nach und versuchen Sie sich vorzustellen, dass Sie sich davon nicht beeindrucken lassen. Sie werden schon bald feststellen, dass Sie dann in ähnlichen Situationn sehr viel weniger heftig – mit anderen Worten, weniger gefühlsbetont – reagieren.

Wer seine Gefühle analysiert, nimmt ihnen das dramatische Element. Das ist exakt die Methode, mit der Sie auch gegen Ihre Schüchternheit und Unsicherheit vorgegangen sind. Ohne sich in irgendeiner Weise die Schuld zu geben, lernt man so zu beurteilen, wie man sich in einer bestimmten Situation hätte verhalten sollen, und schon bald reagiert man in einer ähnlichen Situation automatisch genauso. Das ist bereits ein großer Schritt nach vorne, um seine Gefühle in den Griff zu bekommen.

Systematische Desensibilisierung

Was bedeutet das? Systematische Desensibilisierung heißt bestimmte Sinneswahrnehmungen bewusst auszuschalten, um Emotionen erst gar nicht so weit gedeihen zu lassen, dass sie zum Problem werden. Keine Angst: Es handelt sich nur um einen vorübergehenden, rein physikalischen Zustand, der in keiner Weise die allgemeine Sensibilität beeinträchtigt.

1. Desensibilisierung des Gehörs

1. Listen Sie alle Geräusche auf, die Sie stören, nervös machen oder bei Ihnen bestimmte emotionale Reaktionen hervorrufen (beispielsweise eine bestimmte Stimme, das Geräusch verschiedener Haushaltsgeräte, zuknallende Türen, bestimmte Arten von Telefonklingeln, Motorräder auf der Straße, etc.)

Wir müssen alle mit Geräuschen fertig werden, die uns stören. Sie werden bald eine lange Liste zusammenhaben. Lassen Sie sich Zeit. Es kann auch ein paar Tage dauern, bis die Liste fertig ist.

2. Wenn Sie dann das nächste Mal eines dieser Geräusche hören, sagen Sie sich: „Ich bin ganz ruhig und nichts kann mich aus der Ruhe bringen."

3. Zwingen Sie sich auf das Geräusch nicht zu reagieren – weder mit Gesten noch mit nervösen Bewegungen.

„Unmöglich!", werden Sie sagen. Überhaupt nicht. Für den menschlichen Geist ist nichts unmöglich! Er kann sich an jede Situation anpassen. Sie kennen bestimmt auch jemanden, der an einer Autobahn, einer Bahnstrecke oder einem Fluss mit starker Strömung wohnt. Diese Leute gewöhnen sich nach einer kurzen Anpassungszeit sehr schnell an die Geräuschkulisse und hören den Krach von draußen kaum noch, sodass sie meist ganz erstaunt sind, wenn ein Gast sich beschwert, er hätte in der Nacht wegen dem Lärm kein Auge zugetan.

Wenn Sie lernen Ihr Gehör systematisch zu desensibilisieren, dann werden Sie sich auch inmitten des lautesten Tumultes noch konzentrieren und arbeiten können. Zudem schlafen Sie besser und Ihre Nerven können sich erholen. Versuchen Sie es! Sie werden nicht enttäuscht sein.

2. Desensibilisierung der Augen

Man wäre kein Mensch, wenn bestimmte Dinge, die man sieht, keine emotionale Reaktion auslösen würden. Das kann Blut sein, ein Horrorfilm, bestimmte Tiere (meistens stehen Reptilien ganz oben auf der Liste, dicht gefolgt von Spinnen) und auch bestimmte Substanzen.

Aber ist es möglich, etwas anzusehen, ohne dabei gefühlsmäßig beteiligt zu sein? Ja, denn man kann auch seine Augen desensibilisieren.

1. Stellen Sie eine Liste von Bildern und Szenarien zusammen, die bei ihnen eine emotionale Reaktion auslösen.

2. Stellen Sie sich jeden Morgen beim Duschen eine solche Szene oder ein Bild vor – etwas, das Sie eigentlich gar nicht ertragen können. Stellen Sie sich die Szene oder das Bild so detailgetreu wie möglich vor und sagen Sie sich: „Ich bin ganz ruhig, ich fühle gar nichts."

3. Wiederholen Sie diese Übung so lange, bis Sie keinerlei emotionale Reaktion mehr verspüren. Verlieren Sie nicht den Mut, wenn Sie nur langsam vorankommen, das ist völlig normal. Halten Sie durch!

Wie geht man mit den Gefühlen anderer Menschen um?

Wir müssen nicht nur mit den eigenen Gefühlen umgehen können, sondern oft auch mit denen anderer Menschen! Denken Sie einen Augenblick lang nach.

Es ist typisch für einen charismatischen Menschen, dass er instinktiv zwischen seinen eigenen Gefühlen und denen anderer Menschen unterscheiden kann. Deshalb sind solche Menschen auch so selbstsicher und gefestigt, dass sie Unglück und Missgeschicken gelassen begegnen können.

Einige Beispiele: Ihr Chef bekommt einen Anfall, wenn etwas dringend erledigt werden muss, Ihr Ehemann/Ihre Ehefrau ist ärgerlich, weil sein/ihr Squashpartner abgesagt hat, Ihre Mutter schimpft über die Faulheit Ihres Vaters, usw. Klingt eine dieser Situationen vertraut? Statt die Besorgnis Ihres Chefs, den Ärger Ihres Partners oder die Unzufriedenheit Ihrer Mutter noch zu vergrößern, indem Sie etwas sagen, bleiben Sie einfach ruhig. Gehen Sie innerlich auf Distanz, während Ihr Gegenüber seine Gefühle herauslässt. Natürlich können Sie Mitgefühl oder Sympathie kundtun, aber machen Sie das Problem eines anderen nicht zu Ihrem! Sagen Sie sich immer wieder: „Das hat nichts mit mir zu tun, das ist nicht mein Problem, ich lasse mich da nicht hineinziehen."

Wie befreit man sich von den typischen Lampenfiebersymptomen?

Eine wichtige Frage, doch Sie werden bald imstande sein den Dämon in den Griff zu bekommen, der Sie Ihr Leben lang tyrannisiert und daran gehindert hat, Ihre Träume zu verwirklichen, z.B. Schauspieler, Politiker oder Künstler zu werden. Alles, was Sie bis jetzt mithilfe dieses Buches bisher gelernt haben, wird Ihnen helfen, das Lampenfieber zu verringern: größeres Selbstvertrauen, körperliche und seelische Ausgeglichenheit, richtige Entspannung und systematische Desensibilisierung, die ein Hochkochen der Gefühle verhindert.

Yoga und Meditation sind bei vielen Problemen sehr hilfreich, vor allem bei Lampenfieber. Auch Atemübungen sind sehr nützlich, z.B. um dem typischen Erröten und Stottern entgegenzuwirken.

Um immer wiederkehrendes Lampenfieber zu bekämpfen, sind drei Übungen empfehlenswert, zwei vor, eine während des Auftritts. Falls die beiden ersten nicht ausreichen, führen Sie auch noch die dritte durch.

Vorbereitende Übung: Atmung

Beruhigen Sie sich zuerst mit folgender Atemübung:

1. Atmen Sie aus dem Bauch tief ein, zählen Sie bis fünf und sprechen Sie dabei: „Ich - bin - ganz - ruhig."
2. Halten Sie den Atem an, während Sie bis fünf zählen, und wiederholen Sie: „Ich - bin - ganz - ruhig."
3. Atmen Sie tief aus und wiederholen Sie: „Ich - bin - ganz - ruhig."

Vorbereitende Übung: Visualisierung

1. Suchen Sie sich einen Platz, an dem Sie einige Minuten lang ungestört sein können, und schließen Sie die Augen.
2. Stellen Sie sich nun die Situation vor, in der Sie sich gleich befinden werden. Ist dies beispielsweise ein Vorstellungsgespräch, stellen Sie sich vor, wie Sie ruhig mit dem Interviewpartner sprechen, wie Sie ihn oder sie davon überzeugen, dass Sie der/die Richtige für diese Stelle sind. Wenn Sie eine mündliche Prüfung ablegen müssen, stellen Sie sich vor, wie Sie den Applaus der Zuhörer entgegennehmen, usw.
3. Atmen Sie ein paarmal tief ein und aus, bevor Sie die Augen wieder öffnen. Körper und Geist werden entspannter sein und ein Gefühl der Zuversicht wird sich einstellen.

Übung: In der Situation

Im Prinzip handelt es sich hierbei um keine richtige Übung, sondern um eine Reihe kleiner Tricks. Sie nutzen unseren Sinn für Humor.

- Stellen Sie sich vor, die Person (oder Personen), die Sie einschüchtert, befände sich in einer untergeordneten Stellung oder in einer lächerlichen Lage. Ist die Person beispielsweise sehr ernst und streng, stellen Sie sich ihn oder sie im Clowns- oder Engelskostüm vor.
- Ist Ihr Gegenüber arrogant und anmaßend, stellen Sie sich ihn mit verrutschter Fliege, im Pyjama oder in Unterwäsche vor.
- Wenn die andere Person Sie durch Arroganz einzuschüchtern versucht, zögern Sie nicht, eine etwas aggressivere Technik einzusetzen. Sehen Sie einige Sekunden lang konzentriert auf einen bestimmten Punkt seiner/ihrer Kleidung, z.B. den Kragen des Jacketts, den Krawattenknoten oder den Ohrring. Der/die andere wird sich fragen, ob etwas mit seiner/ihrer Kleidung nicht stimmt und etwas aus der Fassung geraten. Nutzen Sie diese Gelegenheit, um sich wieder zu fangen!

Aber befolgen Sie vor allem folgende Ratschläge:

- Nehmen Sie keine Beruhigungsmittel wie Tranquilizer oder Schlaftabletten. Wenn Sie wirklich fürchten zu aufgeregt sein, nehmen Sie zwei Aspirin oder ein homöopatisches Mittel und trinken Sie einen Kräutertee.

- Essen Sie etwas Leichtes; meiden Sie deftige Mahlzeiten, die schwer im Magen liegen.
- Trinken Sie keinen Alkohol, weil Sie glauben, das würde Ihre Nerven beruhigen. Der „Mut“, den Sie danach spüren, ist eine Illusion. Vergessen Sie das nicht!
- Treiben Sie Sport, dann können Sie besser schlafen. Und Sie brauchen allen Schlaf, den Sie bekommen können!
- Ziehen Sie bequeme Kleidung an. Erhöhen Sie den Stresspegel in einer bestimmten Situation nicht noch dadurch, dass Sie einen Rock oder eine Hose tragen, der/die in der Taille oder am Bauch kneift, auch keine Halskette, die Ihnen in den Nacken zwickt, enge Ärmel, die bei einer abrupten Bewegung reißen können, oder Schuhe, die drücken.
- Wählen Sie vertraute Kleider, in denen Sie sich wohl fühlen und die Sie bereits mehrfach getragen haben. Wenn Sie unbedingt etwas Neues anziehen wollen, tragen Sie diese Kleidungsstücke jeden Tag ein paar Stunden lang zu Hause, damit Sie sich an sie gewöhnen.
- Ziehen Sie sich nicht zu warm an. Ihnen wird noch warm genug werden, wenn die Stunde der Wahrheit gekommen ist!
- Und natürlich gibt es nichts Besseres, als auf das Ereignis gut vorbereitet zu sein. Wenn Sie sich in einem Thema gut auskennen, wird der Prüfer einiges an Schrecken verlieren; wenn Sie glauben, Sie hätten die nötigen Qualifikationen für einen Job, dann wird der Interviewpartner Sie nicht so leicht verunsichern können, usw.

Wenn Sie unter Lampenfieber leiden, machen Sie sich keine Vorwürfe und reden Sie sich auch nichts ein wie „Ich habe Lampenfieber, es ist nicht meine Schuld, ich kann nichts dagegen tun.“ Hunderte von berühmten Leuten haben im Laufe ihrer Karriere unter fürchterlichem Lampenfieber gelitten, sind aber dennoch erfolgreich gewesen.

Zusammenfassung

In diesem Kapitel ging es darum, wie man seine Gefühle in den Griff bekommen kann – ein wichtiges Hilfsmittel im Kampf gegen Schüchternheit und Unsicherheit. Um das nötige Selbstvertrauen aufzubauen, an dem es noch mangelt, muss man seine Gefühle beherrschen lernen.

Durch einen Test haben Sie herausgefunden, zu welchem Gefühlstyp Sie gehören. Danach haben Sie die vier goldenen Regeln kennen gelernt, mit deren Hilfe Sie Gefühle besser kontrollieren können: Entspannung, Sport, Konzentration und Analyse der emotionalen Reaktionen.

Zusätzlich hilft Ihnen die systematische Desensibilisierung übertriebene Reaktionen auf äußere Reize – unangenehme Dinge, die Sie hören und sehen – zu eliminieren. Sie haben ebenfalls gelernt, wie wichtig es ist, dass man zwischen seinen eigenen Gefühlen und denen anderer Menschen unterscheiden kann.

Und schließlich haben Sie noch einige Tipps bekommen, wie man Lampenfieber angehen kann, nämlich mithilfe von Übungen vor oder/und in der jeweiligen Situation.

Wenn Sie Ihre emotionale Instabilität überwinden, werden Sie in den Augen Ihrer Umwelt viel an Glaubwürdigkeit gewinnen. Hysterisches Verhalten beeindruckt niemanden. Wenn Sie jedoch in stressigen, ermüdenden, unangenehmen oder sogar furchteinflößenden Situationen ruhig reagieren, werden andere in Ihnen jemanden sehen, der weiß, was zu tun ist. Wenn Sie etwas zu sagen haben, werden Ihnen die Leute auch zuhören.

Wie Sie das Vertrauen anderer gewinnen können

Sie kennen Menschen mit Charisma, Menschen, die Sie bewundern. Liefern solche Leute ihre Arbeit zu spät ab? Warten sie erst, bis ihre Leitung gesperrt wird, bevor sie die Telefonrechnung bezahlen? Kommen sie oft zu spät zu Verabredungen? Lassen Sie tagelang das schmutzige Geschirr herumstehen?

Nein. Menschen mit Charisma – und wir alle wollen wohl so sein – sind nie nachlässig, unter gar keinen Umständen. Und gerade das ist das Vertraueneinflößende an ihnen, das, was man schätzt. Sie sind zuverlässig, man kann auf sie zählen. Sie wissen, dass man durch Pünktlichkeit einem anderen Respekt zollt.

Sie können Entscheidungen fällen, ohne lange zu zögern. Wenn man sie um einen Gefallen bittet oder ihnen eine Frage stellt, dann muss man nicht lange auf eine Antwort warten. Wie angenehm ist es doch, mit jemandem zu tun zu haben, der weiß, was er will – oder was er nicht will! In einer Notlage wissen diese Menschen genau, was zu tun ist. Sie geraten nicht in Panik, sie handeln nicht übereilt – sie denken kurz nach und handeln dann, ruhig und effektiv.

In diesem Kapitel werden zwei weitere Eigenschaften vorgestellt, die Sie besitzen müssen – falls Sie sie nicht bereits haben –, um Ihre anziehende Persönlichkeit „abzurunden“: zum einen die Fähigkeit, schnell die richtige Entscheidung zu fällen, zum anderen Dinge nicht vor sich herzuschieben, treu dem Grundsatz: „Was du heute kannst besorgen, das verschiebe nicht auf morgen.“

Wie man lernt schnell und effektiv zu reagieren

Wie Sie bald sehen werden, ist dies gar nicht so schwer. Und Sie können sicher sein, dass in unserer schnelllebigen und erbarmungslosen Welt meist diejenigen Erfolg haben, die am schnellsten reagieren. Wenn man Ihnen zuhören, Sie respektieren und bewundern soll, dann müssen Sie schnell die richtigen Entscheidungen treffen können.

Der folgende Test wird Ihnen helfen herauszufinden, wie Sie einer Situation, in der Sie eine Entscheidung treffen müssen, reagieren. Der Test wurde von Psychologen entwickelt – sollte Ihnen also die eine oder andere Frage unpassend vorkommen, können Sie versichert sein, dass dies schon seinen Sinn hat.

Test: Können Sie schnelle Entscheidungen treffen?

Beantworten Sie die folgenden sieben Fragen in maximal zehn Minuten:

1. Sie sitzen in einem Zugabteil. Einer Ihrer Mitreisenden scheint plötzlich krank geworden zu sein. Was tun Sie?

a) Sie ziehen die Notbremse.

b) Sie lassen den Zug weiterfahren und suchen den Schaffner.

c) Sie lassen den Zug weiterfahren und suchen einen Arzt.

2. Sie betreten ein Zimmer und entdecken ein Kind, das auf dem Fensterbrett steht. Was tun Sie?

a) Sie rufen leise nach dem Kind.

b) Sie stürmen vorwärts und nehmen das Kind in die Arme.

c) Sie versuchen so nahe wie möglich an das Kind heranzukommen, ohne sich bemerkbar zu machen.

3. Welches der folgenden fünf Worte passt nicht zu den anderen?

Bild Schlag Buch Gang Wort

4. Stellen Sie sich vor, Sie könnten etwas „hamstern". Was wäre Ihnen am liebsten?

a) Eine Million Dollar in bar.

b) Eine Million Dollar in Diamanten.

c) Eine Million Dollar in Gold.

5. Sie fahren gerade mit Ihrem Fahrrad an einer Bank vorbei, als vier Bankräuber in ihr Fluchtauto steigen. Sie bemerken, dass einer der Autoreifen platt ist und es durchaus möglich wäre, sie mit dem Fahrrad zu verfolgen. Was tun Sie?

a) Sie nehmen sofort die Verfolgung auf.

b) Sie halten einen Wagen an und bitten den Fahrer, die Verfolgung aufzunehmen.

c) Sie notieren die Autonummer, radeln zur nächsten Telefonzelle und rufen die Polizei an.

6. Sie werden auf einer großen, einsamen Insel ausgesetzt. Was hätten Sie am liebsten dabei?

a) Ein Jagdgewehr, Munition und einen Spaten.

b) Konserven für mindestens drei Jahre.

c) Ein kleines Boot.

7. Sie gehen an Bahnschienen vorbei und bemerken, dass jemand zwischen den Eisenbahnschwellen stecken geblieben ist. Was tun Sie?

a) Sie versuchen, die Person herauszuziehen.

b) Sie rufen die Polizei und rennen dann zu der Person zurück, um sich in deren Nähe aufzuhalten.

c) Sie rufen die Bahngesellschaft an.

Auswertung

Nun kommt die Stunde der Wahrheit! Geben Sie sich für jede richtige Antwort drei Punkte.

1. Die richtige Antwort ist c). Wenn Sie sofort die Notbremse ziehen, dann muss der Zug anhalten, auch wenn vielleicht ein Arzt im Zug oder an der nächsten Station ist. Und der Schaffner kann auch nicht mehr tun, als unter den Passagieren im Zug herumfragen, ob ein Arzt anwesend ist – was Sie selbst schneller tun können.
2. Die richtige Antwort ist a). Beide anderen Verhaltensweisen können das Kind so erschrecken, dass es herabfällt.
3. „Buch". Alle anderen Worten kann ein „Vor" vorangestellt werden (z.B. Vor-Bild, Vor-Schlag, Vor-Wort).
4. Die richtige Antwort ist b). Diamanten eignen sich am besten zum „hamstern", da der Wertverlust bei ihnen vermutlich am geringsten ist; zudem sind sie leicht zu transportieren und zu verkaufen.
5. Die richtige Antwort ist c). Was passiert, wenn Sie die Räuber eingeholt haben? Vermutlich würden Sie verletzt, wenn nicht sogar getötet werden. Am besten ruft man sofort die Polizei an und gibt die Wagennummer durch.
6. Die richtige Antwort ist a). Mit Gewehr, Munition und Spaten können Sie länger überleben als mit einer begrenzten Menge Konserven. Ein Boot ist die schlechteste Lösung – die Überlebenschancen sind größer, wenn man auf der Insel bleibt und auf Rettung wartet.
7. Die richtige Antwort ist b). Wenn man versucht, die Person herauszuziehen, könnte man selbst einen elektrischen Schlag bekommen. Am besten ruft man die Polizei (die sich dann auch mit der Bahngesellschaft und dem Krankenhaus in Verbindung setzt) und stellt sich dann neben die Person, um vorbeifahrende Züge anzuhalten.

15 bis 21 Punkte: Ihre geistige Beweglichkeit ist erstaunlich gut. Sie wissen, wie man schnell die richtigen Entscheidungen trifft, und Sie neigen nicht dazu, etwas auf die lange Bank zu schieben oder impulsiv zu handeln, ohne nachzudenken. Sie wissen, dass es – was immer auch geschieht – besser ist, kurz nachzudenken, bevor man handelt. Andere halten Sie zweifellos für jemanden, der weiß, was er tut, und wenden sich häufig an Sie mit der Bitte um Hilfe.

9 bis 12 Punkte: Sie handeln zwar gelegentlich richtig, aber Sie neigen dazu, sich von Impulsen leiten zu lassen. Ihre Reflexe sind sicherlich hervorragend, aber Sie nehmen sich nicht genug Zeit, um nachzudenken, bevor Sie handeln.

Weniger als 9 Punkte: Sie müssen ernsthaft an sich arbeiten. Sie setzen Ihren Verstand nicht so ein, wie es am sinnvollsten wäre. Erst zögern Sie, dann entscheiden Sie sich in Sekundenschnelle, nur um die Entscheidung hinter sich zu haben. Sie müssen lernen verantwortungsvoll zu handeln!
Lesen Sie noch einmal alle Fragen und Antworten des Testes durch, den Sie gerade gemacht haben. Versuchen Sie nachzuvollziehen, warum in einer Situation eine bestimmte Reaktion am besten ist.
Damit Sie lernen, wie Sie sich in einer bestimmten Situation richtig verhalten oder reagieren müssen, sollten Sie folgende Übungen machen:

1. Üben Sie unter weniger stressigen Bedingungen

Vermutlich stehen Sie unter Stress, wenn Sie schnell eine Entscheidung treffen müssen, und können so Ihre geistigen Fähigkeiten nicht voll ausnutzen. Sie stehen unter Leistungsdruck und als Reaktion kommt es oft zu einem Blackout. Beginnen Sie damit, folgende Übungen regelmäßig durchzuführen.

Übung: Krisensituationen

1. Stellen Sie sich eine Reihe von Krisensituationen vor, in die Sie eines Tages geraten könnten. Sind Sie beispielsweise Arzt, stellen Sie sich vor, dass Sie zu einer sehr kranken Person gerufen werden. Sind Sie Student, stellen Sie sich vor, dass Ihr Dozent plötzlich eine Frage an Sie stellt, usw.

2. Denken Sie einige Sekunden lang nach, bevor Sie entscheiden, wie Sie reagieren. Schreiben Sie Ihre Entscheidung auf und vergessen Sie die Übung bis zum nächsten Tag.
3. Machen Sie am nächsten Tag die Übung noch einmal mit den gleichen Situationen. Wie reagieren Sie nun? Wenn Sie von einem Tag auf den anderen Ihre Meinung geändert haben, dann lassen Ihre Reaktionen zu wünschen übrig. Üben Sie weiter. In wenigen Tagen sollten Sie bereits bedeutende Verbesserungen feststellen. Wenn Sie dann wirklich in eine Situation kommen, in der es gilt, schnell und entschieden zu handeln, dann haben Sie keine Angst mehr, weil Sie sich auf den Ernstfall vorbereitet haben.

2. Verlieren Sie nie Ihr Ziel aus den Augen

Das scheint zwar etwas ganz Naheliegendes zu sein, ist es oft aber nicht. In unserer hektischen Zeit fällt es meist schwer, seine Ziele nicht aus den Augen zu verlieren.

Wir müssen an tausend Dinge denken und handeln deshalb oft unüberlegt und im Affekt, wenn wir eine wichtige Entscheidung treffen. Vergegenwärtigen Sie sich jede Nacht vor dem Einschlafen noch einmal die Ziele, die Sie sich gesteckt haben, und überlegen Sie, was Sie im Laufe des Tages getan haben, um diesen näherzukommen. Sie können Ihre Gedanken auch in einem Tagebuch festhalten oder sie mit Ihrem Partner/Ihrer Partnerin bzw. einem engen Freund diskutieren.

3. Fragen Sie sich, was Sie zu verlieren haben

Psychologische Studien haben gezeigt, dass es in Situationen, die uns zwingen, eine Entscheidung zu treffen, selten um Leben und Tod geht. Deshalb sollte man sie als Chance begreifen, um voranzukommen, Erfahrungen zu sammeln, sich zu bestätigen oder zu verbessern.

Nur wenige Menschen sind sich darüber im Klaren, welche Chance in einer kleinen Veränderung der eigenen Einstellung liegt. Wenn Sie immer wieder vor einer wichtigen Entscheidung in Panik geraten und unbesonnen reagieren, werden Sie nie aufhören sich hinterher Ihre Dummheit vorzuwerfen. Wenn Sie sich aber sagen „Ich habe nichts zu verlieren, aber alles zu gewinnen", dann sind Sie imstande klar zu denken und nach kurzem, aber produktivem Nachdenken die richtige Entscheidung zu fällen.

Vergessen Sie nie, dass Ihr Schicksal ganz alleine in Ihrer Hand liegt und dass es an Ihnen liegt, jene Entscheidungen zu treffen, die Ihre Lebensqualität verbessern.

Schieben Sie nichts auf die lange Bank

Warum schieben manche Leute immer wieder alles vor sich her? Selbst wenn sie fest entschlossen sind etwas zu tun, zögern sie doch wieder alles hinaus, Tag für Tag. Sie versinken langsam in einem selbstgeschaffenen Sumpf aus Nachlässigkeit und schaden damit nicht nur sich selbst, sondern auch anderen.

Alle diese Menschen haben eines gemeinsam: einen Minderwertigkeitskomplex gepaart mit einer kräftigen Dosis Feindseligkeit gegenüber der Außenwelt. Jemand, der es beispielsweise immer wieder hinauszögert, die nötigen Unterlagen für eine Prüfung durchzuarbeiten, folgt unbewusst einer Nachricht seines Gehirns, die besagt, dass er die Prüfung ja doch nicht bestehen wird – warum sich also anstrengen, wenn es der Mühe nicht wert ist? Andere verspäten sich ständig und wollen andere dadurch – unbewusst – in Verlegenheit bringen, usw.

Wenn andere in Ihnen eine bewunderungswürdige Persönlichkeit sehen sollen, dann müssen Sie diese hässliche Angewohnheiten ablegen. Gewöhnen Sie sich an pünktlich zu sein sowie effektiv und verantwortungsbewusst zu handeln!

Pünktlichkeit, Effektivität und Verantwortungsbewusstsein – wie erreiche ich dieses Ziel?

Nun, natürlich können Sie nicht innerhalb von ein, zwei Tagen schlechte Angewohnheiten ablegen, die Sie Ihr Leben lang gehegt und gepflegt haben. Aber wenn Sie fest entschlossen sind und sich von ganzem Herzen wünschen von anderen geliebt und geachtet zu werden, dann dürften Sie die Mühe nicht scheuen. Vor allem müssen Sie Ihr Ziel wirklich erreichen wollen, denn die Arbeit, dorthin zu gelangen, kann Ihnen niemand abnehmen.

Zunächst einmal müssen Sie herausfinden, warum Sie immer alles aufschieben. Wenn es Ihnen gelingt, mithilfe dieses Buches ein postives Selbstbild zu entwickeln, werden Sie merken, dass Ihre schlechten Angewohnheiten sich irgendwann fast unmerklich in Luft auflösen. Plötzlich haben Sie das dringende

Bedürfnis zu handeln und keine Angst mehr davor, für einen Trottel gehalten zu werden. Sie werden genug Selbstvertrauen und Selbstbewusstsein besitzen, um genießen zu können, wie Sie andere mit Ihrer Effizienz beeindrucken.

Im Folgenden einige Tricks, die Ihnen die „Arbeit" erleichtern sollen. Sie sind einfach umzusetzen und können auch gleichzeitig angewendet werden.

1. „Gedächtnishilfen"

Sie machen doch sicherlich Einkaufslisten, oder? Und notieren Verabredungen in Ihrem Kalender? Tun Sie dasselbe, um Ihre Neigung, etwas hinauszuzögern, in den Griff zu bekommen.

Verteilen Sie in der ganzen Wohnung Gedächtnishilfen in Form von Zetteln mit kleinen Sprüchen und Sätzen wie „Ich lasse es nicht zu, dass das Leben an mir vorüberzieht"; „Die Welt gehört denen, die sie zu nehmen wissen"; „Der frühe Vogel fängt den Wurm" („Zauderer" haben meist auch Schwierigkeiten morgens aus dem Bett zu kommen); „Ich lasse mich nicht von anderen aufs Abstellgleis schieben", usw.

Es müssen nicht immer Zettel sein – ein Faden, um den Finger gebunden, oder ein farbiger Aufkleber auf einem wichtigen Stapel tun es auch.

2. Die „Zu-erledigen"-Liste

Schreiben Sie morgens nach dem Aufstehen alles auf, was Sie im Laufe des Tages erledigen müssen, und gehen Sie erst zu Bett, wenn alles getan ist! Seien Sie realistisch und nehmen Sie sich nicht zu viel vor – und auch nicht zu wenig.

Sie werden bald feststellen, dass es nichts Befriedigenderes und Schöneres gibt, als mit dem Gefühl ins Bett zu gehen, alles erledigt zu haben, was man sich vorgenommen hat!

3. Machen Sie einen Schritt nach dem anderen

Nehmen Sie sich nicht zu viel vor, sonst kommen Sie nicht weit. Überlegen Sie, welche Schritte realistisch sind. Wenn Sie beispielsweise einen langen Bericht schreiben müssen, beginnen Sie mit ein oder zwei Seiten täglich. Wenn ein ganzer Hausputz ansteht, nehmen Sie sich immer nur ein Zimmer auf einmal vor, usw. Ihre Willenskraft ist erst erwacht – sie muss noch gestärkt werden, also gehen Sie sorgsam mit ihr um.

4. Den Schwung nutzen

Wenn Sie eine Aufgabe beendet haben, nutzen Sie den Schwung, und gehen Sie sofort die nächste an, bevor Sie wieder träge werden und in den alten Trott verfallen.

5. Improvisieren Sie

Wenn Sie sich plötzlich an etwas erinnern, das Sie noch erledigen wollten – dann tun Sie's gleich! Warten Sie nicht! Holen Sie die nötigen Unterlagen oder Materialien und machen Sie sich an die Arbeit. Tun Sie das auch in Zukunft.

Beantworten Sie beispielsweise Briefe sofort, nachdem Sie gekommen sind. Bezahlen Sie Ihre Rechnungen sofort. Wenn Ihnen jemand eine Arbeit überträgt, dann beginnen Sie gleich damit und setzen Sie sich immer wieder daran, wenn Sie die Zeit dafür erübrigen können.

6. Den Tagesablauf planen

Wenn Sie Probleme damit haben, Ihr Leben zu organisieren, stellen Sie einen präzisen und vor allem realistischen Plan auf. Planen Sie z.B. morgens nach dem Aufstehen ein paar Minuten Gymnastik ein – bald werden Sie sich so daran gewöhnt haben, dass Sie dies automatisch tun. Der Zweck des Ganzen ist es, eine tägliche Routine aufzubauen, in der jede wichtige Tätigkeit ihren Platz hat.

7. Verändern Sie Ihre Umgebung

Es ist durchaus möglich, dass Sie an Ihrem Arbeitsplatz zu sehr abgelenkt werden. Zwar können sich manche Menschen in jeder Umgebung auf ihre Arbeit konzentrieren, doch ist es besser, alle Dinge zu entfernen, die ablenken könnten. Statt sich beispielsweise in einem Zimmer mit Fernseher und Stereoanlage auf eine Prüfung vorzubereiten, sollte man lieber in einem ruhigen Winkel der Universitätsbibliothek arbeiten. Wenn Ihr Schreibtisch vor einem Fenster steht, stellen Sie ihn um – Sie werden sich dann besser auf Ihre Arbeit konzentrieren können und weniger in Versuchung geraten, die Leute auf der Straße zu beobachten.

Auch die Farben in unserer Umgebung haben einen erstaunlich großen Einfluss auf unsere Produktivität. Man hat beispielsweise herausgefunden, dass Farben wie Grün, Türkis, Himmelblau und Grau die Konzentration erhöhen, sowohl bei handwerklicher als auch bei geistiger Tätigkeit. Pink, Orange, Aprikot, Blassgelb und Beige hingegen sind der Entspannung und Ruhe förderlich.

Finden Sie heraus, welche Umgebung Ihnen am meisten zusagt und leistungssteigernd auf Sie wirkt.

8. Differenzieren Sie zwischen Ihrer Neigung, alles aufzuschieben, und Umständen, die Sie nicht beeinflussen können

Bei manchen Gelegenheiten bleibt einem aus legitimen Gründen keine andere Wahl, als etwas aufzuschieben. Aber wer eh schon zum Aufschieben neigt, dem mag es schwer fallen, zwischen beiden Dingen zu unterscheiden. Erstellen Sie eine Liste all jener Dinge, die Sie bereits hätten erledigen müssen. Analysieren Sie die einzelnen Punkte. Schreiben Sie die Gründe auf, warum Sie bestimmte Aufgaben nicht beenden konnten. Lag es an Ihnen oder an Umständen, auf die Sie keinen Einfluss hatten? Können Sie etwas ändern oder steht dies nicht in Ihrer Macht?

Dieser Punkt ist sehr wichtig. Vermutlich werden Sie feststellen, dass Sie jahrelang selbst nicht wussten, ob es wirklich an Ihnen lag oder nicht, wenn etwas unerledigt geblieben ist.

9. Sprechen Sie mit einem Freund

Es ist gut möglich, dass Ihre schlechten Angewohnheiten in der Vergangenheit zu Konfrontationen mit Menschen geführt haben, die ihnen unfreiwillig zum Opfer gefallen sind. Diese Leute kennen Ihre Angewohnheiten vermutlich besser als Sie denken.

Sprechen Sie mit jemandem, der Sie mag und Sie gut kennt. Bitten Sie ihn/sie Ihre Fortschritte zu beobachten. Sollten Sie schwach werden, fällt es demjenigen bestimmt leichter, Sie wieder auf den rechten Weg zu bringen als Ihnen selbst.

Zusammenfassung

Zwei Eigenschaften sind für „charismatische“ Menschen charakteristisch: erstens nichts auf die lange Bank zu schieben, zweitens die Fähigkeit, jederzeit schnell reagieren zu können.

Beginnen Sie damit, sich relativ harmlose Situationen auszudenken, in denen Sie eine Entscheidung fällen müssen. Wenn Sie erst einmal in stressfreien Situationen schnelle Entscheidungen treffen können, dann wird es in einer Krisensituation kein Problem mehr für Sie sein, sich schnell zu entscheiden.

Zweitens sollten Sie nie Ihre Ziele aus den Augen verlieren. Und schließlich müssen Sie lernen in einer Situation die Ruhe zu bewahren, indem Sie ihr das Dramatische nehmen, denn wer aufgeregt ist, kann nicht mehr klar denken.

Nehmen Sie sich die Ratschläge in diesem Kapitel zu Herzen. Entwerfen Sie ein systematisches „Rehabilitationsprogramm“ für sich selbst. Vermeiden Sie es, wieder in alte Gewohnheiten zurückzufallen.

Sagen Sie sich immer wieder, dass ihre schlechten Angewohnheiten Sie vom verdienten Erfolg abgehalten haben und vermutlich häufig auch der Grund dafür waren, dass sich viele Leute von Ihnen abgewandt haben – schließlich vermittelten Sie den Eindruck, ein unzuverlässiger, unpünktlicher Mensch zu sein. Es liegt in Ihrer Hand, dieses negative Image loszuwerden. Sie können es, wenn Sie nur wollen!

Wie Sie Ihren idealen Partner finden und halten können

Der Anfang einer Beziehung

Warum gelten manche Leute als unwiderstehlich? Warum scheinen solchen Menschen Liebe und Freundschaft nur so zuzufliegen? Was haben sie, was andere nicht haben?

Von ihnen gehen positive Schwingungen aus. Sie haben Sinn für Humor, sie nehmen sich selbst nicht zu ernst und sie sind zu echtem und spontanem Mitleid fähig. Sie sind taktvoll und rücksichtsvoll. Ihre herzliche Art sagt anderen Menschen, dass sie sie mögen, sich um sie sorgen und ihre Gesellschaft genießen.

All das ist nicht so einfach, wie es auf den ersten Blick scheinen mag. Warum? Das werden Sie gleich verstehen.

Handicaps, die Unsicherheit verstärken

1. Angst vor Zurückweisung

Wer unsicher ist, ist meist einsam oder zumindest einsamer, als ihm lieb ist. Schüchterne Menschen ziehen sich oft in einen Elfenbeinturm zurück, was den Eindruck entstehen lässt, andere Menschen seien ihnen gleichgültig. Sie verbarrikadieren sich hinter einer Mauer aus Verbitterung, Selbsttäuschung und sogar Hass – Gefühle, die sie manchmal nicht verbergen können, wenn sie jemandem näherkommen. Sie fühlen sich oft in die Defensive gedrängt und halten ständig nach Zeichen Ausschau, die auf Zurückweisung schließen lassen.

Wer ein negatives Selbstbild hat, d.h. sich selbst nicht mag, dem wird es nicht leicht fallen zu akzeptieren, dass andere ihn durchaus mögen können, selbst wenn er sich deren Zuneigung noch so sehr wünscht.

Mit anderen Worten: Solch ein Mensch ist nur schwer zufrieden zu stellen und er glaubt wahrscheinlich, niemand sei gut genug für ihn!

Ist das nicht ein Widerspruch in sich? Nein, überhaupt nicht. Es spiegelt nur die innere Unsicherheit wider. Die Argumentation im Unterbewusstsein läuft wie folgt ab: „Wenn ich hart bleibe und so weitermache, treffe ich meinen Seelenverwandten erst gar nicht und umgehe dadurch das Risiko, zurückgewiesen zu werden."

Eine einfache Strategie, nicht wahr? Sie führt uns zum zweiten Handicap, das die Unsicherheit verstärkt.

2. Der Wunsch nach dem perfekten Partner

Wenn Sie lange alleine waren, dann liegt dies vermutlich daran, dass Sie sich ein Wunschbild von Ihrem Idealpartner zusammengebastelt haben. Unglücklicherweise sind Menschen Wesen aus Fleisch und Blut und nie so schön, so intelligent, so sensibel oder was auch immer wie der Traumpartner, den man sich ausgedacht hat, und deshalb ist niemand gut genug.

Das heißt nun nicht, dass Sie sich dem/der Nächstbesten in die Arme werfen sollen, weil es Ihren Traumpartner ja doch nicht gibt

Es ist völlig normal, sich jemanden auszusuchen, von dem man sich angezogen fühlt, der ähnliche Ansichten, den gleichen Geschmack, die gleichen Interessen, etc. hat. Aber ich kann Ihnen versichern, dass Sie bitter enttäuscht von Ihrer Beziehung sein werden, wenn Sie von Ihrem Partner zu viel erwarten, weil einem Idealbild wohl niemand gerecht werden kann. Statt eine aufregende und leidenschaftliche Beziehung zu führen, würden Sie nörglerisch, launisch und ständig unzufrieden sein.

Wenn Sie nur schwer zufrieden zu stellen sind, dann hat das seinen Grund: Sie suchen schlicht und einfach bei einem anderen Menschen die Selbstliebe, die Sie nicht für sich aufbringen können – Sie suchen nach jemandem, der all die positiven Qualitäten besitzt, an denen es Ihnen mangelt!

Ist das fair?

Wie Sie Ihre Einstellung ändern können

Benutzen Sie Ihren Verstand und nehmen Sie die im vierten Kapitel beschriebene Kosten-Nutzen-Übung zu Hilfe, um Situationen solcher Art bewältigen zu lernen.

Nehmen Sie beispielsweise einmal eine Ihrer negativen Einstellungen bezüglich Partnerschaft und Beziehungen aufs Korn. Die häufigste Vorstellung dieser Art ist Psychologen zufolge diese:

„Es hat keinen Sinn, sich mit jemandem einzulassen, der meinen Ansprüchen nicht genügt."

Nehmen wir diese Behauptung einmal als Vorlage für unser Beispiel.

Negative Einstellung: Es hat keinen Sinn, sich mit jemandem einzulassen, der meinen Ansprüchen nicht genügt.

Vorteile dieser Einstellung:
1. Wenn ich meine Ansprüche so hochschraube, brauche ich mich nicht mit jemandem einlassen, der meine Erwartungen sowieso nicht erfüllen kann.
2. Ich vermeide eine Kontaktaufnahme und den Aufbau einer Beziehung, weil ich niemanden kenne, der gut genug für mich ist. = 25 %

Nachteile dieser Einstellung:
1. Ich gehe selten aus.
2. Ich sehne mich oft nach Gesellschaft.
3. Vielleicht lerne ich so nie den Menschen kennen, der meinen Erwartungen genügt.
4. Ich werde mein ganzes Leben lang Single bleiben. = 75 %

Positive Einstellung: Es wäre besser für mich, öfter auszugehen und mein Interesse an anderen Menschen zu zeigen, selbst wenn diese nicht all meinen Erwartungen entsprechen. Wenn ich erst einmal selbstsicherer bin, kann ich wählerischer sein.

Vorteile:
1. Ich bin nicht mehr so einsam.
2. Ich werde selbstsicherer und habe weniger Angst zurückgewiesen zu werden.
3. Ich lerne nach und nach, was ich an mir mag und was nicht. Dann kann ich anfangen mich zu verändern, sodass es mir besser geht.
4. Andere werden meine Gesellschaft schätzen und mir näher kommen. = 75 %

Nachteile:
1. Ich gehe das Risiko ein, hin und wieder zurückgewiesen zu werden.
2. Wenn ich meine Mauern niederreiße, bin ich verletzlicher. = 25 %

Der erste Schritt ist immer der schwierigste

Dieses Sprichwort trifft heute noch genauso zu wie vor 2000 Jahren! Der erste Schritt ist immer der schwierigste, vor allem für schüchterne und unsichere Menschen. Ihnen fehlt die Unbefangenheit, die ihnen gestatten würde, gelegentlich Interesse an jemandem zu zeigen. Sie ergreifen die Flucht, weil sie

Angst haben, sich lächerlich zu machen. Was kann man dagegen tun? Bestimmte Verhaltensweisen sind nahezu universell. Verhaltensforscher meinen, die ersten drei Minuten nach der Kontaktaufnahme seien entscheidend. Angenommen, jemand stellt Sie auf einer Party einer Person des anderen Geschlechtes vor. Sie geben sich die Hand oder sagen etwas wie „Nett Sie kennen zu lernen". Gleichzeitig fällen Sie in Sekundenschnelle ein Urteil über diese Person und Ihr Gegenüber tut das Gleiche. Und in den folgenden drei Minuten entscheidet sowohl Ihr Unterbewusstsein als auch das Ihres Gegenübers, wie diese Beziehung in Zukunft aussehen wird.

Einmal angenommen, der gegenseitige Eindruck ist positiv. Nun müssen Sie die Situation zu Ihrem Vorteil nutzen. Wie kann man ein nettes Gespräch in Gang bringen?

Drei Gesprächsthemen: Welches soll man wählen?

Drei Themen stehen Ihnen zur Verfügung:

- Die Situation
- Die andere Person
- Sie selbst

1. Die Situation

Dies ist in der Regel die weiseste Entscheidung, denn Sie befinden sich sozusagen auf neutralem Boden, wenn Sie ein Gespräch über die aktuelle Situation beginnen. Sie fordern nichts und riskieren auch nicht die andere Person abzuschrecken, indem Sie zu persönlich werden. Das Eis wird gebrochen, ohne dass eine von beiden Seiten sich zu etwas verpflichtet fühlt.

2. Die andere Person

Die meisten Menschen reden gerne über sich selbst und freuen sich, wenn sie Fragen beantworten oder auf Bemerkungen eingehen können. Wenn Ihr Gegenüber jedoch genauso schüchtern ist wie Sie, dann müssen Sie sehr taktvoll vorgehen und es vermeiden, den anderen durch Ihre erste Frage einzuschüchtern. Im Allgemeinen ist es also besser, zunächst einmal mit einem neutralen Thema zu beginnen (die Situation, gemeinsame Freunde, Ereignisse in den Nachrichten, etc.), bevor man zu persönlicheren Themen übergeht.

3. Sie selbst

Der schlimmste Fehler, den Sie machen können, ist, ein Gespräch damit zu beginnen, dass Sie über sich selbst sprechen! Es ist nicht schwierig zu erraten, dass dies das bevorzugte Gesprächsthema einsamer Menschen ist. Wenn Sie zu diesen Menschen gehören, seien Sie vorsichtig!

Psychologen meinen, dass man nicht unbedingt etwas sonderlich Intelligentes oder Tolles von sich geben muss, um das Eis zu brechen. Im Gegenteil!

Ein Psychologe, der sich eingehend mit dem Thema Schüchternheit befasst hat, erzählte einmal, wie er in seiner Jugend Kontakt mit einer Studentin aufnahm, die er sehr attraktiv fand, und zwar mit den gestammelten Worten: „Deine Bluse ist sehr hübsch. Sie steht dir." Nachdem er dies gesagt hatte, merkte er plötzlich, dass das Mädchen gar keine Bluse trug, sondern ein altes, ausgeblichenes T-Shirt! Er wäre am liebsten im Boden versunken, seine Knie zitterten und er errötete bis unter die Haarwurzeln. Doch er war noch überraschter, als das Mädchen anfing zu lachen, sich bei ihm einhakte und ihn nach seinem Namen fragte.

Drei Möglichkeiten ein Gespräch zu beginnen

Nachdem man sich für ein Thema entschieden hat, gibt es drei Möglichkeiten, wie man ein Gespräch beginnen kann:

- eine Frage stellen
- seine Meinung äußern
- eine Tatsache feststellen

Die ersten beiden sind am effektivsten. Wenn Sie eine Frage stellen, wird jeder höfliche Mensch antworten und das wird ein Gespräch in Gang bringen.

Wenn man eine Meinung äußert, dann sollte es eine positive sein. Wenn Sie beispielsweise auf einer Party sind und ein Gespräch mit dem Satz „Ich hasse diesen Zigarettenqualm hier" beginnen, dann dürfen Sie sich nicht wundern, wenn Ihr Gegenüber antwortet „Warum gehen Sie dann nicht?". Sätze wie „Super Stimmung hier, was?" oder „Die Party war eine tolle Idee!" sind besser.

Lassen Sie Ihrer Fantasie freien Lauf.

Eine Tatsache feststellen sollte man sich als letzte Möglichkeit aufheben, da man das Risiko eingeht, sich schnell in einer langweiligen Unterhaltung wiederzufinden. Es ist besser, die Aufmerksamkeit des anderen sofort zu wecken, indem man eine Frage stellt oder eine positive Aussage macht. Sie vereinfachen die Sache beträchtlich, wenn Sie Sätze wie „Es regnet" oder „Ich bin zu spät gekommen" vermeiden.

Wie man eine Einladung formuliert

Das Eis ist gebrochen, Sie haben einige gemeinsame Interessen gefunden. Nun würden Sie die Bekanntschaft gerne etwas vertiefen und eine Einladung aussprechen.

> *Achtung: Alle Information in diesem Kapitel wie im ganzen Buch gelten für Männer ebenso wie für Frauen. Die Zeiten haben sich geändert und Frauen müssen nicht mehr mit gesenktem Blick herumstehen und darauf warten, dass ein Mann sie zum Tanz auffordert oder zu einem Spaziergang im Garten einlädt, um die Sterne zu betrachten. Wenn Sie eine Frau sind, werfen Sie die veraltete Einstellung „Ich muss warten, bis er mich anspricht. Schließlich ist das seine Sache. Wenn er nichts sagt, findet er mich wohl nicht attraktiv" über Bord, denn sie würde Ihnen nur schaden!*

Wenn Sie definitiv beim ersten Augenkontakt etwas gespürt haben, dann ist es genauso Ihre Sache wie die des Mannes, ein Gespräch in Gang zu bringen oder eine Einladung auszusprechen, um die Bekanntschaft zu vertiefen und ein Wiedersehen herbeizuführen. Frauen haben heute gewisse Rechte durchgesetzt, aber mit diesen Rechten sind auch Pflichten verbunden. Daran führt kein Weg vorbei!

Nun zurück zur Einladung. Hier ein paar Tipps, die Ihnen dabei nützlich sein können:

- Versuchen Sie etwas mehr über die Interessen des anderen zu erfahren. Wenn Sie herausfinden, dass er/sie seekrank wird, dann sollten Sie ihn/sie besser nicht zu einer Segelpartie einladen!
- Seien Sie direkt. Stellen Sie z.B. keine vagen Fragen wie „Haben Sie am Samstagabend schon etwas vor?". Die meisten Leute
    - wären peinlich berührt, wenn sie antworten müssten „Nein, habe ich nicht".
    - würden sich nicht sonderlich wohl fühlen, wenn sie vor die Wahl gestellt werden, Ihre Einladung zu akzeptieren oder zu lügen, weil sie lieber zu Hause blieben als mit Ihnen auszugehen.
    - Besser und direkter wäre es, einfach zu sagen: „Haben Sie Lust, mit mir nächsten Samstag auszugehen/ Segeln zu gehen, etc?"
- Fordern Sie am Anfang nicht zu viel. Ihr Gegenüber wird eine Einladung zum Kaffee in ein paar Tagen eher akzeptieren als ein Abendessen bei Ihren Eltern am nächsten Abend! Formulieren Sie die Einladung so, dass keine Ver-

pflichtungen mit ihr verbunden sind und sie einfach anzunehmen ist. Stellen Sie nicht zu große Forderungen, wenigstens nicht zu Beginn.

Die eigene Haltung beeinflusst die des Gegenübers

Achten Sie darauf, wie Ihre Haltung die Reaktion Ihres Gegenübers beeinflusst: Es mag seltsam klingen, aber während Sie die Einladung aussprechen, beeinflusst Ihre Körpersprache sehr stark die Art und Weise, wie die Einladung aufgefasst wird, selbst wenn der andere sich dessen gar nicht bewusst ist. Zwei Beispiele. Wählen Sie die Einladung, die Sie annehmen würden:

> *1. Die Person wirft Ihnen verstohlene Blicke zu, verschränkt die Arme, kreuzt die Beine, öffnet Arme und Beine wieder und sagt dann sehr ernst:*
> *„Ich weiß, dass Sie vermutlich sehr beschäftigt sind, aber ich würde Sie wirklich gerne wiedersehen. Vielleicht könnten wir Freunde werden. Würden Sie am Samstagvormittag mit mir Tennis spielen?“*
> *2. Die Person sieht Ihnen direkt in die Augen, lächelt und sagt:*
> *„Ich freue mich, dass wir uns kennen gelernt haben und würde Sie gerne wiedersehen. Warum spielen wir nicht Tennis – wir könnten noch soundso einladen und das Ganze zu einer Party ausdehnen – am Samstagvormittag, wenn Sie Zeit haben.“*

Höchstwahrscheinlich würden 99,9 % der Bevölkerung eher die zweite Einladung annehmen. Und Sie? Nun, das Gleiche gilt für die Einladung, die Sie aussprechen – machen Sie es dem anderen leicht, sie anzunehmen.

Was sollte man tun, wenn man einen Korb bekommt?

Ein Korb bedeutet nicht, dass die andere Person Sie zurückweist – sondern nur Ihre Einladung. Vielleicht hätte der/die andere zwar Lust Sie wiederzusehen, spielt aber kein Tennis oder vielleicht hat er/sie zu dem Zeitpunkt bereits etwas anderes vor. Falls dem so ist, gibt es nichts Einfacheres, als einen anderen Termin zu vereinbaren.

Ihre Einladung kann natürlich auch ohne jede Erklärung zurückgewiesen werden. Bestehen Sie nicht auf einer. Der andere würde Ihnen vermutlich sowieso nicht die Wahrheit sagen und wenn Sie darauf bestehen, könnte die Situation sehr unangenehm werden. Geben Sie großmütig nach und sagen etwas wie „Zu schade, ich hätte Sie gerne näher kennen gelernt.“ Sie können demjenigen auch Ihre Telefonnummer geben mit der Bitte anzurufen, wenn oder falls er einmal Lust dazu hat.

Egal was passiert – seien Sie nicht deprimiert, wenn Sie einen Korb bekommen. Sollte tatsächlich ein Funke übergesprungen sein, dann hindert Sie nichts daran, später noch einmal nachzuhaken. Seien Sie aber nie indiskret oder unhöflich – das wird den anderen eher abstoßen.

Sich zusammen wohl fühlen

Eine gute Beziehung gleicht einer Waage: Jede Seite trägt ihren Teil dazu bei und wenn schließlich alles gesagt und getan wurde, sollten beide Waagschalen auf gleicher Höhe sein.

Wie kann man dieses schwierige Gleichgewicht erhalten?

1. Lassen Sie die Beziehung sich einfach entwickeln

Überstürzen Sie nichts! Wenn Sie sich mit jemandem wohl fühlen, dann ruinieren Sie nicht das Ganze, indem Sie zu früh zu viel verlangen.

Wenn Sie bereits nach wenigen Wochen von Heirat sprechen, nach der ersten Nacht schon eine Zahnbürste im Bad des/der anderen deponieren oder bereits nach drei Tagen mit dem anderen zusammen in Urlaub fahren wollen, dann steuern Sie geradewegs auf ein Unglück zu. Wenn Sie über die Zukunft reden, solange die Gegenwart noch ungewiss ist, dann zerstören Sie sowohl Gegenwart als auch Zunkunft.

Machen Sie auch nicht den Fehler, über Ihre Beziehung zu diskutieren, solange die Basis noch nicht gefestigt ist. Das ist die beste Methode, um den anderen abzuschrecken. Und wenn Sie bereits mehr Zeit damit verbringen, über die Beziehung zu reden als sie zu leben – dann wäre es vielleicht das Beste, sie einfach zu beenden, denn offenbar bröckelt bereits das Fundament.

2. Die Macht des Lachens

Lachen ist eines der schönsten Geschenke, das uns die Natur mitgegeben hat. Es schützt uns vor Krankheiten, bewahrt uns vor Depressionen und hilft uns äußerst stressige Situationen zu überleben, ohne dabei den Verstand zu verlieren. Lachen macht das Leben lebenswert.

Mit dem Partner zusammen lachen ist eine Möglichkeit, sich näher zu kommen, es zeigt, dass man auf der gleichen Wellenlänge liegt. Gemeinsames Lachen bleibt als schöne Erinnerung.

Wir können andere Menschen auch anziehend finden, weil sie uns zum Lachen bringen. Kultivieren Sie Ihren Sinn für Humor – andere Menschen werden Sie dafür nur umso mehr schätzen. Wenn Sie fröhlich sind und sich in Ihrer Haut wohl fühlen, dann werden andere Ihre Gesellschaft genießen.

Durch gemeinsames Lachen kann man anderen Menschen schnell näher kommen. Wenn wir zusammen lachen, werden wir zu Komplizen, entsteht ein Band zwischen uns, das alle Hindernisse überwindet. Nehmen Sie Ihre Beziehungen nicht zu ernst. Reservieren Sie in Ihrem Leben einen bestimmten Platz fürs Lachen – und für den Humor!

3. Fordern will gelernt sein

Glauben Sie nur nicht, dass Sie Liebe gewinnen können, wenn sie nichts fordern und Ihre Herzenswünsche unterdrücken. Sie haben, wie jeder Mensch, das Recht, sich Dinge zu wünschen und zu äußern, was Sie wollen. Sie haben ein Recht auf Ihre eigene Meinung und auch darauf, dass andere sie respektieren.

Sie dürfen nie zu Ihrem Partner sagen: „Es ist egal, welchen Film wir sehen, solange ich bei dir sein kann." Dadurch vermitteln Sie den Eindruck, dass Sie keine eigene Persönlichkeit haben und dass Sie sich völlig von den Entscheidungen eines anderen abhängig machen, was wiederum diesem ein enormes Gewicht auf die Schultern legt – in diesem Fall zu erahnen, was Sie wirklich wollen.

Auch sollten Sie keine Angst haben Ihren Gefühlen Ausdruck zu verleihen. Erwecken Sie bei Ihrem Partner nicht den Eindruck, dass Sie, obwohl Sie mit ihm zusammen sind, mit einem anderen ebenso glücklich wären! Wenn Sie das tun, beschwören Sie eine Katastrophe herauf. Niemand mag es, nur „Ersatz" zu sein. Im Gegenteil, wir genießen es, wenn uns jemand liebt, und es macht uns glücklich, wenn dieser jemand dies auch zeigt.

4. Was auch geschehen mag – bewahren Sie Ihre Würde

Wenn Sie schüchtern sind, wissen Sie, wie wichtig Würde und Selbstachtung sind. Sie führen vermutlich primär ein Singleleben, weil Sie Angst davor haben, Ihre Selbstachtung zu verlieren.

Um seine Würde und Selbstachtung in einer Partnerschaft bewahren zu können, muss man bereits vor dem Eingehen einer Beziehung unabhängig sein. Das scheint selbstverständlich zu sein – aber wie viele Leute kennen Sie, die ihre Beziehung als eine Art Rettungsanker betrachten? Zählen Sie sie einmal auf – Sie werden von dem Ergebnis überrascht sein.

Eine solche Beziehung ist von Anfang an zum Scheitern verurteilt. Niemand kann an Ihrer Stelle das sein, was Sie nicht den Mut haben selbst zu sein. Niemand kann an Ihrer Stelle glücklich sein. Das Glück liegt bereits in Ihnen! Sie müssen es bloß herauslassen.

Ihr Partner sollte weder Mutter, Vater noch Kind für Sie sein, und schon gar keine Krücke!

Glauben Sie nicht an das Märchen, dass Liebende „alles miteinander teilen". Nichts könnte weiter von der Wahrheit entfernt sein. Vergessen Sie nicht, dass Sie ein ganzes und komplettes Individuum sind. Sie haben schon viele Jahre gelebt, bevor Sie Ihren Partner getroffen haben. In diesen Jahren haben Sie einen Charakter, Interessen und Geschmack entwickelt, der bzw. die Ihnen eigen sind, ganz zu schweigen von Ihren ererbten Eigenschaften!

Wenn Sie eine ausgeglichene Beziehung leben und gleichzeitig Ihre Würde bewahren wollen, dann geben Sie nicht Ihre Persönlichkeit, Ihre Vorlieben und Ihre Interessen auf, um den Partner glücklich zu machen. Er würde es Ihnen nicht danken und Sie vielleicht eines Tages sogar dafür verachten, dass Sie so wenig Rückgrat besitzen.

Zum Schluss noch ein interessanter Test, an den sich ein ausführlicher Kommentar zu jeder einzelnen Frage und eine allgemeine Bewertung anschließen. Welches Ergebnis Sie auch haben mögen – wenn Sie Ihre Einstellung entsprechend der Ratschläge ändern, dann werden Sie spüren, wie frischer Wind in Ihre Beziehung kommt!

Es liegt an Ihnen!

Test: Welcher Partnertyp sind Sie?

Beantworten Sie folgende Fragen mit Ja oder Nein. Überlegen Sie nicht lange – antworten Sie schnell, ehrlich und gehen Sie nicht zurück, um Ihre Antworten zu ändern. Der Test wurde von Psychologen ausgearbeitet und diese haben bewusst auf Antwortmöglichkeiten wie vielleicht, manchmal, selten, etc. verzichtet.

1. Halten Sie Ihren Partner, objektiv gesehen, meistens für einen netten Menschen?
2. Machen Sie Ihren Partner für Ihre Misserfolge verantwortlich?
3. Sind Sie neidisch auf den Erfolg Ihres Partners?
4. Erwarten Sie von Ihrem Partner, dass er instinktiv weiß, wann Sie sich Zärtlichkeiten wünschen?
5. Sagen Sie es Ihrem Partner, wenn Sie ihm misstrauen?
6. Sind Sie eifersüchtig auf eine gute Freundschaft, die Ihr Partner mit jemand anderem pflegt?
7. Verlieren Sie die Beherrschung, wenn er oder sie wütend auf Sie ist?
8. Nehmen Sie insgeheim Opfer für Ihren Partner auf sich?
9. Waschen Sie Ihre schmutzige Wäsche in der Öffentlichkeit (diskutieren Sie öffentlich Privatangelegenheiten)?
10. Machen Sie auch weiterhin Dinge, die Ihr Partner missbilligt?
11. Tolerieren Sie im Allgemeinen die Schwächen Ihres Partners?
12. Tun Sie immer genau das, was Sie wirklich tun wollen?
13. Hören Sie Ihrem Partner immer aufmerksam zu?
14. Geben Sie zu, wenn Sie Unrecht haben?
15. Sind Sie zufrieden mit dem, was Ihr Partner beruflich erreicht hat?
16. Nehmen Sie es tragisch, wenn er oder sie keine Lust hat, mit Ihnen zu schlafen?
17. Fühlen Sie sich für Ihre Eltern mehr verantwortlich als für Ihren Partner?
18. Bitten Sie Ihren Partner um Hilfe, wenn es nötig ist?
19. Können Sie alleine sein? Können Sie es akzeptieren, dass Ihr Partner manchmal auch alleine sein will?
20. Genießen Sie die freie Zeit, die Sie gemeinsam verbringen?

Antworten

1. Ja. Es ist viel einfacher, mit jemandem harmonisch zusammenzuleben, wenn Sie ihn für einen netten Menschen halten. Sie müssen zuerst Freunde sein, bevor Sie Liebende werden können.
2. Nein. Es ist sehr schwierig, mit jemandem zusammenzuleben, der für seine Handlungen keine Verantwortung übernehmen will. Wenn man jemand anderem die Schuld gibt, schmeichelt man zwar seinem eigenen Ego, zerstört aber das eines anderen.

3. Nein. Wenn Sie in Ihrem eigenen Leben Erfolg haben, gibt es keinen Grund, dem Partner seinen Erfolg zu neiden.
4. Nein. Niemand, nicht einmal die Person, die Ihnen am nächsten steht, sollte Ihre Wünsche erraten müssen.
5. Nein. Misstrauen kann das Glück eines Paares langsam untergraben und die Beziehung schließlich so vergiften, dass sie nicht mehr zu retten ist. Sprechen Sie konkrete Dinge direkt aus und diskutieren Sie offen und ehrlich darüber.
6. Nein. Eifersucht ist ein Zeichen von Unsicherheit. Versuchen Sie diesen bösen Geist aus Ihrer Beziehung zu verbannen, denn er kann Sie beide fertig machen. Sprechen Sie offen und frei über Ihre Ängste, lassen Sie sich aber nicht von Ihnen beherrschen.
7. Nein. Nehmen Sie sich die Worte Ihres Partners nicht zu Herzen, wenn er/sie wütend ist. In einer Partnerschaft wird Wut oder Ärger oft durch Unsicherheit hervorgerufen und dazu verwendet, dem anderen die Schuld in die Schuhe zu schieben. Tappen Sie nicht in diese Falle!
8. Nein. Wie bereits erwähnt ist Selbstverleugnung keine besonders hilfreiche Tugend im Leben. Märtyrer haben ihren Platz in den Geschichtsbüchern, in der Familie haben sie nichts zu suchen. Mit solchen Menschen ist es nicht leicht zu leben – und vergessen Sie nicht, dass oft das Opfer der eigentliche Täter ist.
9. Nein! Wenn Sie das Buch Wer hat Angst vor Virginia Woolf gelesen bzw. den Film gesehen haben, dann vergessen Sie das schnell wieder! Schmutzige Wäsche in der Öffentlichkeit zu waschen ist ein sicherer Weg, um sich den Hass des Partners zuzuziehen. Es bedeutet eine Verletzung Ihrer beider Intimsphäre und ist eine Form von seelischer Grausamkeit.
10. Nein. Es ist besser, offen über etwas zu sprechen als den Partner zu quälen, indem man weiterhin Dinge tut, die er oder sie missbilligt.
11. Ja. Wenn Sie Ihren Partner wegen seiner Schwächen zurückweisen, dann vermutlich nur, weil Sie emotional unsicher sind. Versuchen Sie Ihrem Partner zu helfen und ihn zu verstehen. Auch Sie haben Ihre Schwächen.
12. Nein. Zusammenleben besteht aus Geben und Nehmen. Niemand will immer nur geben, ohne zu empfangen, und jemand, der nie etwas gibt, wird den Geber schließlich verfluchen.
13. Ja. Es gibt nichts Ärgerlicheres, als gegen eine Wand zu reden! Wenn andere Leute Sie mögen sollen, dann hören Sie ihnen zu – ob das nun Ihr Chef, Ihr Partner oder sonst jemand ist.

14. Ja. Es ist sicherlich wesentlich angenehmer, mit jemandem zusammenzuleben, der einen Fehler auch mal zugibt, sich entschuldigt und aus seinen Fehlern lernt.
15. Ja. Es ist nicht Ihre Sache darüber zu urteilen. Wenn Sie mit dem beruflichen Erfolg Ihres Partners nicht zufrieden sind, kann es sein, dass Ihre Beziehung an etwas krankt, das weder Geld noch gesellschaftliche Stellung heilen können.
16. Nein. Wir haben nicht immer alle zur selben Zeit die gleichen Wünsche. Es ist absolut nicht persönlich gemeint, wenn man ab und zu einmal keine Lust hat, mit dem anderen zu schlafen.
17. Nein. Falls dies der Fall sein sollte, dann steckt Ihre Beziehung in einer Krise. Sie leben nicht mehr mit Ihren Eltern zusammen, sondern mit Ihrem Partner und dem sollte Ihre Loyalität gelten. Vergleichen Sie Ihren Partner nicht mit Ihren Eltern.
18. Ja. Es ist ebenso schwierig, mit jemandem zusammenzuleben, der nie Hilfe benötigt, wie mit jemandem, der unfähig ist seine Angelegenheiten selbst zu regeln.
19. Ja. Die Fähigkeit, Alleinsein auch einmal zu genießen ist ein Zeichen für Reife, ebenso wie die Fähigkeit, das gelegentliche Bedürfnis eines anderen nach Alleinsein zu respektieren.
20. Ja. Gemeinsam verbrachte Freizeit ist eine der schönsten Erinnerungen in einer Beziehung.

Auswertung

5 bis 10 richtige Antworten: Sie sind ein fordernder Partner, mit dem es schwierig ist zusammenzuleben, und Sie sind vermutlich auch sehr misstrauisch. Höchstwahrscheinlich ist Ihre eigene Unsicherheit dafür verantwortlich, dass Sie die Person unterdrücken, mit der Sie zusammen sind. Lesen Sie dieses Buch noch einmal ganz von vorne und versuchen Sie ernsthaft Ihr negatives Selbstbild zu verbessern. Sie können Ihre Beziehung immer noch retten!

11 bis 14 richtige Antworten: Es mag vielleicht sehr schwierig sein, mit Ihnen zusammenzuleben, aber im Allgemeinen kommen Sie mit Ihrem Partner ganz gut aus. Sie sind sicherlich kein einfacher Mensch und anderen fällt es bestimmt schwer, Sie einzuschätzen. Werden Sie flexibler, dann könnte sich das sehr positiv auf Ihre Beziehung auswirken.

15 bis 19 richtige Antworten: Ihr Partner kann sich glücklich schätzen sich in einer so ausgewogenen Beziehung zu befinden. Sie sind nicht zu fordernd, aber Sie lassen auch nicht zu, dass man Ihre Bedürfnisse übergeht. Sie bewahren Ihre Selbstachtung und Ihre Würde, wissen jedoch auch Liebe zu geben.

20 richtige Antworten: Machen Sie den Test noch einmal! Wenn Sie wieder 20 von 20 Punkten haben, dann sind Sie jenes seltene Juwel – der ideale Partner, von dem jeder träumt! Vermutlich müssen Sie jede Woche einen Heiratsantrag ablehnen! Sie Glückliche(r)!

Zusammenfassung

Wenn Sie eine Liebesbeziehung eingehen wollen, können übermäßige Schüchternheit und Unsicherheit zu einem ernsten Problem werden. Doch wenn Sie alle Ratschläge in diesem Buch so weit befolgt haben, dann stehen Sie kurz davor, dieses Problem in den Griff zu bekommen.

Um geliebt zu werden, muss man selbst lieben können.

Bekämpfen Sie Ihre negativen Einstellungen, die Sie dazu verdammen, ein einsames Leben zu führen! Sie weisen alle potenziellen Partner ab, weil Sie selbst Angst haben zurückgewiesen zu werden. Sie suchen nach dem idealen Partner, weil Sie tief in Ihrem Inneren wissen, dass es diesen nicht gibt.

Um eine Kontaktaufnahme zu erleichtern, sollten Sie von Zeit zu Zeit noch einmal die Ratschläge in diesem Kapitel nachlesen.

Wenn Sie eine Beziehung eingegangen sind, dann müssen Sie diese hegen und pflegen, damit sie nicht verkümmert und eingeht. Eine Beziehung ist wie ein Körper. Es ist schwierig, ihm ein perfektes Aussehen zu verleihen, aber sobald man aufhört sich um ihn zu kümmern, verfällt er schneller, als man hinsehen kann. Je stärker er hingegen ist, desto schneller kann er wieder in seine frühere Verfassung zurückversetzt werden. Ebenso ist es mit einer Beziehung.

Pflegen Sie Ihre Beziehung, indem Sie auf bestimmte wichtige Punkte achten: Lachen, Geben und Nehmen, Würde und Selbstachtung wahren und die eigene Persönlichkeit nicht aufgeben.

Wie Sie zu einer Führungspersönlichkeit werden

Wenn Sie sich mithilfe dieses Buches bereits zu einer attraktiven, charismatischen Persönlichkeit entwickelt haben, dann halten Sie alle Trumpfkarten in Händen. Spielen Sie diese aus!

Manche Menschen besitzen eine angeborene Autorität. Die meisten historischen Persönlichkeiten mit Charisma waren Führernaturen. Ihre Anziehungskraft zog Massen von Anhängern und Jüngern in ihren Bann. Diese Autorität, diese persönliche Ausstrahlung kann man sich aber auch systematisch antrainieren.

Mithilfe des folgenden Tests können Sie herausfinden, ob Sie zum jetzigen Zeitpunkt bereits über Führungsqualitäten verfügen.

Test: Besitzen Sie Führungsqualitäten?

1. Sehen Sie sich die drei Zahlenreihen unten an. Wenn Sie die Zahlen in jeder Reihe addieren, welche Reihe ergibt dann die größte Summe? (Sie haben zehn Sekunden Zeit – nicht schummeln!)

a) 0 8 3 6 0 1 5 7

b) 5 1 9 0 0 3 5 1 4 0

c) 4 1 9 0 5 0 1 4

2. Im Allgemeinen muss man jemandem sagen, warum er etwas Bestimmtes tun soll.

wahr falsch

3. Sie glauben, dass es Situationen gibt, in denen Ihre Entscheidungen nicht angezweifelt werden sollten.

wahr falsch

4. Menschen, die andere führen bzw. ihnen vorstehen, sollten persönliche Beziehungen zu ihren Untergebenen aufbauen.

wahr falsch

5. Um den Eindruck von Objektivität zu vermitteln, darf ein Chef den Problemen seiner Mitarbeiter kein Gehör schenken.

wahr falsch

6. Im gesamten Bevölkerungsquerschnitt gibt es Menschen, die so dumm oder schwach sind, dass sie zu nichts taugen.

wahr falsch

7. Ein guter Anführer bzw. Chef muss in erster Linie gefürchtet sein.

wahr falsch

8. Es ist ein Zeichen von Schwäche, wenn man Kollegen oder Familienmitglieder um Rat fragt.

wahr falsch

9. Lob ist produktiver als Kritik oder Tadel.

wahr falsch

10. Es ist besser, von einem Tag auf den anderen zu planen als langfristige Pläne zu machen.

wahr falsch

11. Die Gefühle eines Anführers/Chefs haben nur wenig Einfluss auf die Produktivität der Menschen in seiner Umgebung.

wahr falsch

12. Wenn man wütend oder ärgerlich auf jemanden ist, sollte man dies zeigen und sich nicht zurückhalten.

wahr falsch

13. Ein echter Chef sollte die meiste Arbeit selbst tun.

wahr falsch

Auswertung

Geben Sie sich für jede richtige Antwort zehn Punkte.

1. a	2. wahr	3. wahr	4. falsch	5. falsch	6. falsch
7. falsch	8. falsch	9. wahr	10. falsch	11. falsch	12. falsch
13. falsch					

110 bis 130 Punkte: Sie haben das Zeug zu einem Anführer bzw. Chef, zumindest, wenn Sie die Fragen ehrlich beantwortet haben. Wenn Sie momentan noch keine führende Stellung innehaben, dann vermutlich nur, weil Sie sich nie ernsthaft darum bemüht haben oder weil es Sie nicht interessiert. Das ist schade, denn Sie würden einen hervorragenden Chef abgeben. Sie haben das Talent und den Instinkt, um persönliche Macht zu erlangen und sind gleichzeitig vernünftig genug, diese nicht zu missbrauchen.

50 bis 100 Punkte: Sie sind sicherlich nicht der geborene Anführer/Chef, doch können Sie leicht einer werden, wenn Sie die richtigen Methoden, beispielsweise die in diesem Kapitel vorgestellten, anwenden. Sie dürften eigentlich keine Schwierigkeiten haben sich an die Spitze zu arbeiten. Sie brauchen nur ein wenig Disziplin und Durchhaltevermögen.

40 Punkte oder weniger: Sie sind zweifellos ein schüchterner, introvertierter Mensch, der sich zwischen seinen Büchern wohler fühlt als an der Spitze einer Hierarchie. Doch wenn es Ihnen gelingt, mithilfe der in diesem Buch beschriebenen Methoden Ihre Schüchternheit zu überwinden, dann entdecken Sie vielleicht tief in Ihrem Innern ein heimliches Verlangen nach Autorität. Selbst wenn dies nicht der Fall sein sollte, ist es immer gut zu wissen, wie man sich verhalten soll, wenn man das Ruder übernimmt. Denn man weiß ja schließlich nie, welche Situationen das Leben noch für einen bereithält.

Worin besteht die Autorität einer echten Führungspersönlichkeit?

1. Eine echte Führungspersönlichkeit hat keine Schwierigkeiten die richtige Unterstützung zu finden

Ein Mensch, der über echte Führungsqualitäten verfügt, wird nie Probleme haben qualifizierten Beistand und die richtige Unterstützung zu bekommen. Andere Leute werden mit Begeisterung seiner/ihrer Sache dienen, ohne auch nur eine Sekunde darüber nachzudenken. Dies ist eines der typischen Merkmale für wahre persönliche Autorität.

2. Eine echte Führungspersönlichkeit übt Einfluss auf andere aus

Je mehr sich Ihre persönliche Autorität entwickelt, desto leichter wird es Ihnen fallen, andere zu beeinflussen. Selbst wenn Sie sich gar nicht sonderlich anstrengen, um andere zu überzeugen, hören diese Ihnen zu, folgen Ihrem Rat und versuchen Sie nachzuahmen.

3. Eine echte Führungspersönlichkeit weiß, wie sie mit ihrer Zeit umgehen muss

Eine echte Führungspersönlichkeit kann ihre Zeit richtig einteilen, ist perfekt organisiert und immer pünktlich. Da solch ein Mensch seinen eigenen Terminkalender respektiert, respektiert er auch den anderer.

4. Eine echte Führungspersönlichkeit kann gut verkaufen

Seine persönliche Macht einzusetzen bedeutet, dass man weiß, wie man andere überzeugen kann. Deshalb ist eine echte Führungspersönlichkeit auch ein guter Verkäufer, der die Gabe hat, jede Initiative sinnvoll wirken zu lassen und andere für seine Sache einzuspannen. Eine Führungspersönlichkeit weiß, wie sie sich und ihre Ideen verkaufen muss.

Wenn Sie der in diesem Kapitel beschriebenen Methode folgen, werden Sie die oben genannten vier Fähigkeiten rasch ausbauen können. Doch zuerst müssen Sie sich eine innere Einstellung zulegen, durch die Sie sich automatisch von der Masse der anonymen Gefolgsleute abheben.

Schritt 1: Treten Sie aus der Anonymität heraus

Wenn Sie von Ihren Führungsqualitäten profitieren wollen, müssen Sie sich zunächst einmal von der anonymen Masse Ihrer Mitmenschen abheben. Sie müssen wahrgenommen und geschätzt werden, Ihr Rat, Ihre Kompetenz und Ihre speziellen Fähigkeiten sollten gesucht sein.

Treten Sie langsam aus dem Schatten heraus. Sie müssen sich aufgrund Ihrer Qualitäten abheben und nicht, weil Sie andere klein machen. Lassen Sie sich von den anderen aus der Masse „herausheben".

Und wie soll das geschehen?

Es gibt mehrere Möglichkeiten, die von Ihrem Lebensstil und Ihrer Arbeit abhängen. Sie können natürlich auch alle kombinieren. Das Ergebnis wird noch spektakulärer sein!

Bestimmte Fähigkeiten und Fertigkeiten ausbauen

Wenn Sie sich in den letzten Jahren einmal auf dem Arbeitsmarkt umgesehen haben, dann wissen Sie, dass heutige Arbeitgeber mehr als je zuvor – egal ob im privaten oder öffentlichen Sektor – nach Kandidaten Ausschau halten, die sowohl multitalentiert als auch spezialisiert sind. Mit anderen Worten gesagt, sie suchen den „Zuckerguss“ auf der Torte!

Es liegt nun an Ihnen, ihnen zu geben, was sie suchen!

Zusätzlich zu Ihren üblichen Qualifikationen, über die vermutlich viele andere ebenfalls verfügen, sollten Sie sich in einem Ihrem Beruf verwandten Gebiet Spezialkenntnisse aneignen. Machen Sie es zu einer Frage Ihres persönlichen Ehrgeizes. Lesen Sie, lernen Sie, nehmen Sie an Kursen teil, halten Sie sich auf dem Laufenden. Nie zuvor war es so einfach, Wissen und Fertigkeiten in allen möglichen Wissensgebieten zu erlangen. Nutzen Sie die Gunst der Stunde.

Die schlichte Tatsache, dass Sie sich weiterbilden, zeigt einem Arbeitgeber bereits, dass Sie eine dynamische Person sind, allzeit bereit Ihre Talente zu fördern. Und wenn Sie sich dann noch Fachwissen in einem seltenen, aber nützlichen Gebiet aneignen, dann wird er im siebten Himmel sein! Es wird nicht lange dauern, bis man Sie wahrnimmt, das kann ich Ihnen versichern.

Also beginnen Sie bereits heute nach einem Fachgebiet Ausschau zu halten, in dem Sie sich spezialisieren können. So behalten Sie Ihr jetziges allgemeines Kompetenzniveau bei und setzen sozusagen noch einen drauf. Sie werden dadurch nicht nur für Ihren Arbeitgeber von größerem Nutzen sein, sondern auch eine bessere Startposition haben, um eine neue Stelle zu finden, falls Sie Ihre jetzige, aus welchen Gründen auch immer, verlieren oder wechseln sollten.

Sie haben nichts zu verlieren, aber alles zu gewinnen! Stellen Sie sich noch heute die Frage: „In welchem Fachgebiet könnte ich mich spezialisieren?“ und „Wie soll ich das anfangen?“.

Immer ausgesprochen höflich bleiben

Im Prinzip ist es traurig, dass man heute alleine schon deshalb auffällt, weil man schlicht höflich ist! Und dennoch ist es wahr. In unserer Zeit, in der „alles möglich“ ist, werden Menschen, die die Höflichkeit der guten alten Schule pflegen, mehr denn je geschätzt.

Höflich zu sein bedeutet nicht, kein Rückgrat zu haben oder scheinheilig zu sein. Im Gegenteil: Höflichkeit zeigt, dass man andere respektiert.

Jemandem für einen Dienst zu danken (so klein dieser auch sei mag), jemandem die Tür aufhalten, einem Kassierer, Mechaniker, Gepäckträger oder Portier zulächeln, jemanden nicht unterbrechen – all diese kleinen, höflichen Gesten können den Umgang miteinander erleichtern. Vernachlässigen Sie diese nicht. Sie kosten nichts und werden heute umso mehr geschätzt, weil sie so selten geworden sind.

Sich respektvoll und rücksichtsvoll verhalten

Respekt und Hochachtung sind ebenfalls Tugenden, die zunehmend in Vergessenheit geraten sind. Wenn wir jemandem gegenüberstehen, der sich auf privater oder beruflicher Ebene respektvoll verhält, schließen wir automatisch, diese Person sei unterwürfig, schwach oder würde sich verstellen, weil sie etwas von uns will.

Legen Sie diese Einstellung ab! Bezeugen Sie jedem, den Sie es für wert erachten, Respekt, egal ob aufgrund seiner Meinung, seines Wissens, seiner Qualifikationen oder seiner Autorität.

Wenn Sie beispielsweise einen Klempner rufen müssen, lassen Sie ihn in Ruhe arbeiten statt um ihn herumzuschwirren wie ein Moskito. Respektieren Sie seine berufliche Kompetenz.

Wenn jemand während eines Gesprächs eine genau entgegengesetzte Meinung vertritt, dann springen Sie nicht gleich auf, um „Das ist doch völlig lächerlich!" zu rufen. Wenn Sie wirklich der festen Überzeugung sind, Ihre Meinung sei relevant, dann sagen Sie ganz ruhig „Ich kann Ihre Meinung nicht teilen, weil ..." oder etwas Ähnliches.

Andere bezaubern und für sich gewinnen

Um aus der Anonymität heraustreten zu können, müssen Sie lernen das Interesse anderer Menschen zu wecken. Nun ja, nur Interesse zu wecken reicht im Prinzip nicht. Wenn Sie wirklich eine Führungspersönlichkeit werden wollen, müssen Sie Menschen verzaubern, gewinnen können, sie dazu bringen, für Ihre persönliche Ausstrahlung empfänglich zu werden.

Am leichtesten gelingt Ihnen dies, wenn Sie Ihre Augen bzw. den Blick richtig einsetzen. Legen Sie sich einen eindrucksvollen Blick zu.

Wie reagieren Sie, wenn jemand Sie anstarrt?

- Sie bemerken es nicht einmal.
- Sie erwidern den Blick fest.
- Sie werden verlegen.
- Sie fühlen sich geschmeichelt.

Um andere verzaubern zu können, müssen Sie sich auf die Augen konzentrieren. Sie dürfen sich nicht geschmeichelt fühlen oder verlegen werden, wenn jemand Sie anstarrt. Starren Sie auch nicht zurück. Zeigen Sie aber, dass Sie den anderen sehr wohl wahrgenommen haben, indem Sie ihm einen kurzen Blick zuwerfen und ihm dabei in die Augen sehen. Das Aufblitzen Ihrer Augen sollte genau so sein, als hätten Sie soeben in der Menge einen alten und teuren Freund entdeckt.

Lächeln Sie nicht, und schneiden Sie auch keine Grimasse – schauen Sie einfach. Das Aufblitzen wird registriert und teilt dem anderen mit, dass Sie ihn bemerkt haben und respektieren, selbst wenn Sie sich nicht persönlich kennen sollten. Durch das Zurückgeben eines „Grußblicks“ kann man jemanden bereits für sich einnehmen.

In unserer Welt, in der Gleichgültigkeit und Individualität Priorität haben, weckt diese Art von Kontaktaufnahme sofort das Interesse von Menschen. Sie werden das Gefühl haben, sie könnten sich Ihnen nähern und die Barriere überwinden, die uns normalerweise trennt. Mit anderen Worten: Andere werden für Ihre persönliche Ausstrahlung und Autorität empfänglich.

Schritt 2: Richtig führen und leiten

Unterstützung und Rückendeckung sind wichtig

Ein Anführer oder Chef ist nichts ohne die Unterstützung seiner „Anhänger“. Erst das Team, das Sie um sich herum versammeln, macht Sie zu einem echten Anführer bzw. Chef. Sie benötigen also die richtige Unterstützung für sich und Ihre Sache.

Es gibt hauptsächlich drei Möglichkeiten sich dieser Unterstützung zu versichern: durch Autorität, durch Tricks oder indem man die Leute, mit denen man zusammenarbeitet, subtil anspornt. Der Wert der Unterstützung hängt natürlich primär von den jeweiligen Motiven ab! Die beste Unterstützung und Rückendeckung ist selbstverständlich jene, die freiwillig und gerne gegeben wird, ohne dass Druck ausgeübt oder Tricks angewendet wurden.

Dennoch hat jede Art von Unterstützung ihren Wert, solange man sie als das erkennt, was sie ist und dementsprechend einsetzt. Lassen Sie sich nicht überrumpeln, wenn man Ihnen Unterstützung anbietet, sondern versuchen Sie herauszufinden, welches Motiv dahintersteckt. Nur wenn Sie dieses für annehmbar halten, akzeptieren Sie.

So, und wie wird man nun ein guter Chef?

Sechs Tipps, um ein guter Chef zu werden

1. Geben Sie Anweisungen nicht im Befehlston

Wie reagieren Sie auf kleinliche und pedantische „Diktatoren“? Also, denken Sie daran, dass andere es ebenso wenig mögen schikaniert zu werden wie Sie.

Gewöhnen Sie sich an Ihre Anweisungen so zu formulieren, dass sie wie eine Bitte oder eine gemeinsame Entscheidung klingen.

Einige Beispiele. Wenn Sie mit einem Untergebenen sprechen, sagen Sie nicht:
„Ich will, dass Sie das bis morgen früh erledigt haben“,
sondern:
„Sie würden mir wirklich sehr helfen, wenn Sie diese Sache bis morgen früh erledigen könnten“
oder
„Sie könnten mir aus der Klemme helfen, wenn Sie … (erklären Sie, worum es geht).“
Wenn Sie mit Ihren Kindern sprechen, sagen Sie nicht:
„Räum' dein Zimmer auf, sonst darfst du Samstagabend nicht weggehen!“,
sondern:
„Könntest du dein Zimmer ein bisschen aufräumen, bevor du gehst? Ich wäre dir wirklich dankbar.“

Vergessen Sie jedoch nicht, dass eine Anweisung immer eine Anweisung bleibt, egal wie hübsch man sie verpackt. Und geben Sie nie eine Anweisung, wenn es nicht unbedingt nötig ist, dann werden Sie in der Achtung anderer steigen und Ihre Anweisungen auch gerne befolgt.

Vermeiden Sie es auch so weit wie möglich, ein Ultimatum zu stellen. Es gibt kaum etwas Erniedrigenderes als das Gefühl, von einem Ultimatum „unterjocht“ zu werden. Jede Unterstützung, die man auf diese Weise zu bekommen versucht, wird erzwungen und unfreiwillig sein. Man wird eher Abneigung heraufbeschwören, da man in gewisser Hinsicht die andere Person demütigt. Ein Ultimatum sollte man nur im Notfall stellen. Echte Führungspersönlichkeiten – im Gegensatz zu engstirnigen Diktatoren – können in der Regel darauf verzichten.

2. Die „Wir“-Technik

Versuchen Sie das „Sie/du“ durch ein „Wir“ zu ersetzen bzw. einen Satz im Passiv zu gestalten, wenn Sie eine Anweisung geben. Statt also zu Ihrer Sekretärin zu sagen:

„Schicken Sie diesen Brief bitte heute ab“

wäre es besser, ihr Folgendes mitzuteilen:

„Der Brief müsste heute noch raus. Könnten Sie das veranlassen?"

Wenn man den Imperativ „Sie/du" durch „wir" ersetzt, suggeriert man dem Gegenüber eine freiwillige Zusammenarbeit, die auf gemeinsamen Interessen beruht. Und natürlich ist es wesentlich effektiver, Aufgaben auf diese Art anzugehen.

Aber, höre ich Sie jetzt sagen, man kann Anweisungen nicht immer so formulieren. Nun, das stimmt durchaus, doch sollte man es sooft wie möglich tun – es wird sich bald zeigen, wie effektiv diese offenbar ganz einfache Taktik ist.

Üben Sie für sich privat. Schreiben Sie die Anweisungen auf, die Sie normalerweise Ihrer Familie oder bei der Arbeit geben. Formulieren Sie sie nun um, wobei Sie sooft wie möglich das „Wir" benutzen sollten. Lesen Sie sich dann die Sätze laut vor. Wenn der Zeitpunkt gekommen ist, an dem Sie eine Anweisung geben müssen, probieren Sie die neue Formulierung aus; es wird sich ganz natürlich anhören.

3. Eine Variante dieser Methode

Anweisungen kann man auch als Fragen stellen:

„Meinen Sie nicht, wir sollten etwas tun, um die Situation zu ändern?"

„Sollten wir nicht einmal etwas wegen dieser Tür unternehmen?"

Diese Art von Fragen verlangen eine Entscheidung. Andere werden sich geschmeichelt fühlen, weil Sie sie genügend respektieren, um nach ihrer Meinung zu fragen – und bereit sein eine Menge mehr für Sie zu tun.

Üben Sie die Formulierung von Anweisungen in Form von Fragen wie soeben mit der „Wir"-Technik. Sprechen Sie die Fragen laut aus, damit sie natürlich klingen.

4. Lernen zu delegieren

Bei einer der Fragen im obigen Test, den Sie gerade gemacht haben, ging es ums Delegieren. Eine echte Führungspersönlichkeit weiß, wie sie Arbeit delegieren muss. Wenn Sie genügend Leute haben, die Sie unterstützen, dann scheuen Sie sich nicht Arbeit zu delegieren.

Unglaublich viele Manager beklagen sich, dass sie keine, auch nicht die einfachste Arbeit abgeben können. Sie glauben, für jede Kleinigkeit zuständig und unentbehrlich zu sein, und arbeiten daher viel mehr, als eigentlich notwendig wäre. Warum? Weil sie ihre eigene Arbeit und zusätzlich die ihrer Untergebenen machen.

Wie konnten sie in eine solche Situation geraten?

Nun, statt ständig über die Unzulänglichkeiten ihrer Angestellten zu lamentieren, sollten sie lieber einmal ein wenig über ihre eigenen Defizite als Chef nachdenken, denn ein schlechter Chef hat nie gute Mitarbeiter. Man muss lernen seinen „Helfern" zu vertrauen.

Übung: Bestandsaufnahme Ihrer Aufgaben

1. Schreiben Sie alle Arbeiten auf, die Sie jeden Tag erledigen müssen.
   - Markieren Sie die Arbeiten, die Sie am meisten befriedigen.
   - Markieren Sie mit einer anderen Farbe oder einem anderen Symbol die Arbeiten, die am wichtigsten zu sein scheinen, d.h. um die Sie sich auf alle Fälle selbst kümmern sollten.
   - Markieren Sie dann die einfachen Routinearbeiten.
2. Erstellen Sie nun eine Liste der Leute, mit denen Sie zusammenarbeiten. Schreiben Sie hinter deren Namen die Stärken, das Spezialgebiet und die berufliche Qualifikation.
3. Delegieren Sie nun so gut wie möglich, jedenfalls theoretisch, Ihre Routinearbeiten. Teilen Sie Ihren Mitarbeitern die Arbeiten je nach deren Stärken und Qualifikation zu.
4. Überschlagen Sie nun einmal, wie viel Zeit Sie durch dieses theoretische Delegieren einsparen; Zeit, die Sie auf die wirklich wichtigen oder befriedigenden Arbeiten verwenden könnten. Sie werden von dem Ergebnis überrascht sein.
5. Setzen Sie Ihre Theorie in die Praxis um! Wenn Sie zuvor nur wenig delegiert haben, müssen Sie sich anfangs auf ein wenig Widerstand gefasst machen.

Doch Sie werden sehen, dass Ihre Angestellten bereits nach kurzer Zeit vor Begeisterung und gutem Willen „überfließen" – sie werden froh sein endlich ernst genommen und als die produktiven Erwachsenen behandelt zu werden, die sie ja auch sind.

5. Andere loben

Auch dieser Punkt tauchte im Test auf. Denken Sie an Ihre Schulzeit zurück. Wurden Sie nicht auch eher durch Lob und gute Noten motiviert als durch Kritik und Tadel?

Wir alle wollen das Gefühl haben, geschätzt zu werden. Zögern Sie nicht Ihre Untergebenen oder Mitarbeiter zu loben, wenn sie ihre Arbeit gut gemacht haben. Keine Lobhudeleien – lassen Sie sie nur mit einfachen, klaren Worten wissen, dass Sie eine Arbeit zu schätzen wissen, die gut gemacht wurde, beispielsweise „Der Bericht, den Sie letzte Woche verfasst haben, war hervorragend" oder „Ich weiß Ihre Bemühungen sehr zu schätzen" oder „Ich schätze Ihre Arbeit". Drücken Sie sich so präzise wie möglich aus.

Selbst wenn sie gerade einen Überstundenausgleich bekommen haben sollten, wird es Ihren Angestellten gefallen, wenn Sie ihnen persönlich mitteilen, dass Sie ihre Arbeit zu schätzen wissen.

Sie dürften dann auch in Zukunft kaum Probleme haben Freiwillige zu finden, die Überstunden machen, wenn dies nötig sein sollte.

6. Probleme zügig lösen

Lassen Sie es nicht zu, dass peinliche oder problematische Situationen sich zu Krisen auswachsen. Sie selbst würden das erste Opfer sein. Wehren Sie daher den Anfängen!

Wenn Sie das Gefühl haben, einige Ihrer Untergebenen seien unglücklich oder unzufrieden, dann fragen Sie sie einfach direkt, wo der Schuh drückt. Sie brauchen die Dinge nicht übermäßig zu dramatisieren – eine öffentliche Konfrontation ist nicht nötig. Lassen Sie diejenigen nur wissen, dass Sie ihnen zur Verfügung stehen, und sie, wenn sie etwas auf dem Herzen haben, gerne zu Ihnen kommen können.

Wenn ein Angestellter ständig mit gerunzelter Stirn herumläuft, fragen Sie ihn diskret, ob er seine Arbeit noch gerne tut, ob zu Hause alles in Ordnung ist, ob er gesundheitliche Probleme hat, usw. Lassen Sie ihn wissen, dass Sie sich Gedanken machen. Wenn er persönliche Probleme hat, würde es ihn vielleicht erleichtern, darüber zu sprechen.

Stellen Sie Fragen nie hinter dem Rücken eines anderen. Ihm/Ihr würde es sicherlich nicht gefallen, wenn er/sie es herausfindet.

Seien Sie diplomatisch. Wenn jemand nicht reden will, dann drängen Sie ihn nicht. Lassen Sie den anderen nur wissen, dass Sie hoffen, seine Probleme seien bald gelöst, und dass Sie da sind, wenn er Sie brauchen sollte.

Andere beeinflussen

Um seine persönliche Austrahlung gezielt einsetzen zu können, muss man andere beeinflussen – nicht im negativen Sinne, sondern insofern, dass Ihre Autorität anerkannt wird.

Mithilfe einiger einfacher Taktiken können Sie andere dazu bringen, Ihnen das zu geben, was Sie haben wollen. Sie müssen die Menschen nur soweit bringen, dass sie Sie gerne „zufrieden stellen" wollen.

1. Zögern Sie nicht anderen ein Kompliment über ihr Aussehen zu machen

Der schlichte Satz „Du siehst heute großartig aus/Sie sehen heute großartig aus!" hat auf andere Menschen die Wirkung eines Zaubertrankes. Wir sind uns alle unseres Aussehens sehr bewusst. Wenn jemand uns ein Kompliment über unser Aussehen oder unsere Kleidung macht, dann ist das, als würde ein Sonnenstrahl durch die Wolken brechen.

Und wenn Sie Ihren Kollegen oder jemandem, den Sie beeinflussen wollen, ein Kompliment über sein Aussehen machen, dann hat dies eine verblüffende Wirkung. Sagen Sie beispielsweise „Diese Jacke steht Ihnen ausgezeichnet!", dann wird er/sie glauben, dass er/sie tatsächlich gut darin aussieht. Und was ist Schönheit anderes als eine subjektive Bewertung? Jemanden zu überzeugen ist also nur eine Frage der richtigen psychologischen Taktik.

2. Eine mächtige Waffe: die Kunst zuzuhören

Dieser Punkt wurde bereits früher angesprochen: Wenn andere Sie mögen sollen, wenn Sie das bekommen wollen, was Sie sich wünschen und wenn Sie schüchterne Menschen aus ihrer Isolation herausholen wollen, dann müssen Sie zuhören können.

Die meisten Menschen reden gerne über sich selbst, egal ob über Probleme oder über Erfolge. Sie werden sich den Ruf eines hervorragenden Gesprächspartners erwerben, wenn Sie andere Leute über die Bücher reden lassen, die sie gerade lesen, über ihren Urlaub, über ihre Kindheitserinnerungen, ihre beruflichen Erfolge, etc.

Wenn ein Kollege oder Angestellter über seine Probleme sprechen möchte, dann hören Sie ihm mitfühlend und aufmerksam zu. Wenn Sie um Rat gebeten werden, geben Sie ein paar Tipps. Aber sprechen Sie nie, niemals über Ihre eigenen Probleme. Der andere will Ihnen nicht zuhören. Wenn Sie jemanden dahingehend beinflussen wollen, dass er etwas für Sie tut, dann hören Sie sich an, was er zu sagen hat.

Gewöhnen Sie sich auch an jenen zuzuhören, die etwas für Sie tun können. Die Informationen, die Sie von ihnen erhalten, könnten Ihnen eines Tages sehr nützlich sein.

3. Lernen Kritik anzunehmen

Das hört sich in Ihren Ohren widersprüchlich an? Nun, Sie werden gleich sehen, dass es völlig logisch ist.

Von Kindesbeinen an müssen wir mit Kritik leben. Und es gibt nicht wenige, die ein sadistisches Vergnügen empfinden, wenn sie mitbekommen, dass andere einen Fehler gemacht haben, zurechtgewiesen werden oder sich lächerlich machen.

Wenn Sie das Gefühl haben, häufig kritisiert zu werden, trösten Sie sich: Es besteht eine direkte Verbindung zwischen dem Ausmaß an Kritik und dem Ausmaß an Erfolg! Je höher man auf der Erfolgsleiter steigt, desto häufiger wird man kritisiert.

Wenn Sie lernen Kritik anzunehmen, dann können Sie diese zu Ihrem Vorteil nutzen. Sie wird Ihnen sogar dabei helfen, Ihren Einfluss auf andere zu vergrößern.

Hier einige Tipps, wie Sie mit Kritik umgehen können:

Betrachten Sie Kritik als Beweis für Ihr Vorankommen. Je mehr Fortschritte Sie machen, desto mehr werden Sie für andere zur Bedrohung, die glauben, Sie könnten mit Ihren Leistungen nicht mehr Schritt halten. Wenn Sie sich dessen bewusst sind, steigert es Ihr Selbstvertrauen.

Streiten Sie sich nie mit einem Kritiker. Die spontane Reaktion auf Kritik wäre eine scharfe Erwiderung. Beherrschen Sie sich!

Wenn man Ihre Arbeit kritisiert, dann bitten Sie den Kritisierenden Ihnen ganz sachlich zu erklären, warum er so denkt. Fragen Sie in respektvollem und interessiertem Tonfall, was ihm / ihr an Ihrer Arbeit nicht gefällt und warum. Sagen Sie ihm / ihr dann, wie sehr Sie diese Beobachtung und Analyse zu schätzen wissen. Auf diese Weise nehmen Sie dem anderen den Wind aus den Segeln, ohne dass es diesem wahrscheinlich bewusst wird. Wenn Sie denjenigen / diejenige das nächste Mal um etwas bitten, können Sie sicher sein, dass er/sie alles tut, um Ihnen zu helfen. Wenn jemand Ihr Privatleben oder Ihre Kleidung kritisiert, dann geben Sie sich gleichgültig. Der andere wird es irgendwann leid sein, ignoriert zu werden, und sich nach einem neuen Opfer umsehen.

4. Keine persönliche Rache nehmen

Dieser Rat ist zugegebenermaßen schwierig zu befolgen. Und dennoch – wie viel menschliches Leid wird durch das Verlangen nach Rache hervorgerufen!

Schon in den Werken der griechischen Dramatiker der Antike tauchen Rache und Vergeltung häufig auf, da dies dem Publikum gefiel. Wir haben seit damals keine großen Fortschritte gemacht, im Gegenteil! Unsere Gesellschaft scheint förmlich nach Rache und Vergeltung zu lechzen – wenn Sie mir nicht glauben, brauchen Sie nur ins Kino zu gehen!

Selbst wenn Ihnen jemand Unrecht tut, verschwenden Sie keine Zeit und Energie mit Racheplänen. Früher oder später wird derjenige für seine Fehler bezahlen müssen. Wenn wir Rache üben, dann begeben wir uns nur auf das gleiche niedrige Niveau wie jene, die das Problem geschaffen haben. Geben Sie der Versuchung nicht nach!

Ein Racheakt wird meist mehr beachtet als die Tat, die ihn provoziert hat. Wenn jemand Ihnen Schaden zufügen will, dann wird er im Verborgenen vorgehen und sein Tun nicht an die große Glocke hängen. Vermutlich sind Sie sogar der Einzige, der davon weiß. Wenn Sie sicher sind, dass Sie Recht haben und Rache nehmen wollen, dann werden Sie nur noch mehr Ärger heraufbeschwören. Andere werden Ihre Tat nicht im richtigen Zusammenhang sehen und Sie allein dafür verantwortlich machen. Auf diese Art werden Sie kein Vertrauen gewinnen, sondern man wird Sie für einen rachelüsternen, ungerechten und kleinlichen Menschen halten.

5. Vermeiden Sie unangebrachte Vertraulichkeit

Zu viel Nähe ist ungesund. Das mag vielleicht etwas extrem klingen, aber Sie sollten sich darüber im Klaren sein, dass Sie einen größeren Einfluss auf andere nehmen können, wenn Sie eine gewisse Distanz halten.

Sprechen Sie Ihre Untergebenen oder Kollegen immer respektvoll an. Heute ist es keine Seltenheit mehr, dass man bereits bei der ersten Begegnung mit dem Vornamen angesprochen wird, vor allem in den USA, wo Verkaufsstrategien viel direkter sind und der Umgang mit Fremden viel informeller ist als irgendwo sonst auf der Welt.

Lassen Sie einige Zeit verstreichen, bevor Sie jemandem mit dem Vornamen anreden, vor allem Untergebene, denn wer respektvoll behandelt wird, der tut umgekehrt dasselbe.

6. Wissen, wie man seine Zeit einteilen muss

Wenn Sie gelernt haben zu delegieren, dann dürften Sie kaum noch Probleme mit der richtigen Zeiteinteilung haben. Doch Krisensituationen kommen immer wieder vor, ob zu Hause oder im Beruf, und es sind genau jene Menschen, die ihre Zeit richtig einteilen können, die sich hier bewähren.

Effektives Zeitmanagment

Machen Sie eine Liste von all den Aufgaben, die Sie zu erledigen haben. Verschwenden Sie Ihre Zeit nicht damit, von einer Aktivität zur nächsten zu wechseln. Sie sollten genau wissen, was Sie tun und wie Sie es tun. Führen Sie einen Terminkalender und notieren Sie alle Termine, Telefonanrufe, besondere Aufgaben, etc.

Wenn Sie eine Aufgabe erledigt haben, streichen Sie sie aus Ihrer Liste. Das wird Ihnen ein enormes Gefühl der Befriedigung verschaffen.

Werfen Sie jeden Abend einen Blick auf das Blatt für den nächsten Tag, dann sind Sie beim Aufwachen für den neuen Tag gerüstet.

Wenn Sie nicht alles an einem Tag geschafft haben, streichen Sie die Punkte und notieren Sie sie auf dem Blatt für den nächsten Tag. Versuchen Sie trotzdem Ihren Terminplan so gut wie möglich einzuhalten.

Nichts auf die lange Bank schieben. Eine echte Führungspersönlichkeit schiebt nie etwas auf. Wenn sie dies täte, würde sie nie etwas erreichen.

Wenn Sie auch nur die geringste Neigung haben, etwas aufzuschieben, dann lesen Sie noch einmal das entsprechende Kapitel und versuchen Sie diese üble Angewohnheit loszuwerden.

Erstellen Sie eine Dringlichkeitsliste. Sie können nicht alle Probleme auf einmal lösen. Versuchen Sie nicht, zu viel auf einmal zu bewältigen – am Schluss werden Sie dann nämlich so gut wie nichts erledigt haben.

Setzen Sie Prioritäten und beginnen Sie dann mit den ersten Punkten auf der Liste. Lassen Sie alle anderen unberücksichtigt – ihre Zeit wird auch noch kommen. Haken Sie einen Punkt nach dem anderen ab!

Lassen Sie sich bei der Erledigung einer wichtigen Arbeit nicht ablenken. Dies mag ganz selbstverständlich klingen, aber wie oft werden Büroangestellte täglich von ihrer Arbeit durch Kollegen abgehalten, die offenbar nichts Besseres zu tun haben, als zu plaudern? Sehen Sie sich einmal um, dann werden Sie schnell feststellen, dass dies ein ernstes Problem ist.

Lassen Sie andere höflich wissen, dass Sie in den nächsten Stunden nicht gestört werden wollen, aber später nichts gegen eine Unterhaltung hätten. Manche Menschen schließen nur ungern ihre Tür, weil sie andere nicht vor den Kopf stoßen wollen. Lassen Sie sich dennoch nicht davon abhalten, sonst werden Sie die Arbeit nie zu Ende bringen können, die Sie sich vorgenommen haben.

Vermeiden Sie es, überarbeitet auszusehen. Wenn Sie beruflich vorankommen, einen lukrativen Vertrag abschließen oder schlicht den Respekt Ihrer Angestellten erwerben möchten, dann sollten Sie immer ausgeruht und energiegeladen wirken. Das ist nicht so schwierig, wie es klingt, auch wenn es keine Zauberformel gibt, die einem ruck, zuck zu einem energiegeladenen Aussehen verhilft, wenn man bis über beide Ohren in Arbeit steckt. Man kann aber dennoch einiges tun:

- Sport. Ich kann nicht oft genug wiederholen, dass Sport das Energiepotenzial nicht dezimiert, sondern wieder aufstockt. Wenn Sie über einen längeren Zeitraum hinweg effektiver arbeiten wollen, dann treiben Sie Sport. Ein zusätzlicher Bonus ist, dass Sie viel besser und gesünder aussehen werden!
- Genug Schlaf. Vermutlich wissen Sie bereits, dass Schlafen ein gutes Barometer für unseren allgemeinen Gesundheitszustand und unsere seelische Verfassung ist. Lesen Sie einen Ratgeber über gesundes Schlafen und versuchen Sie so viel Kraft wie möglich aus Ihrem Schlaf zu schöpfen.
- Richtige Ernährung. Sie können kaum erwarten belastbar und energiegeladen zu sein, wenn Sie in Schnellimbissen essen oder sich von Fertiggerichten und Tiefkühlkost ernähren, im Gegenteil. Nehmen Sie sich die Zeit, um gesunde Nahrungsmittel einzukaufen und diese richtig zuzubereiten – Gemüse, Früchte, Eier, Milchprodukte und komplexe Kohlenhydrate (vor allem Reis und Nudeln). Gesundes Essen gibt Ihren Wangen wieder Farbe, verhilft Ihnen zu besserem Schlaf und macht das Abnehmen um einiges leichter.

▶ Entspannungs- und Visualisierungsübungen. Diese haben Sie bereits kennen gelernt. Verbringen Sie jeden Tag einige Minuten in Ihrer geistigen Oase – das ist eine sehr wirkungsvolle Möglichkeit, um Ihre Energiereserven wieder aufzustocken.

6. Ein guter Verkäufer sein

Eine richtige Führungspersönlichkeit kann ihre Ideen gut verkaufen. Aus diesem Grund nenne ich hier die wichtigsten Grundlagen des Verkaufens.

Stellen Sie sich vor, Sie seien das Produkt, das verkauft werden soll. Wissen Sie, wie Sie andere davon überzeugen können, es zu kaufen?

In diesem Buch haben Sie einige Tricks kennen gelernt, wie man ein Produkt richtig verpackt und präsentiert. Nun müssen Sie nur noch das Interesse der potenziellen Käufer wecken, wie jeder gute Verkäufer.

Sie glauben doch sicherlich nicht, dass ein Kaufwunsch spontan aufkommt, oder? Falls doch, dann sollten Sie besser noch einmal in Ruhe darüber nachdenken. Niemand kauft etwas, wenn er nicht schon entschlossen ist etwas zu kaufen.

Jeder Verkäufer, der entsprechend geschult worden ist, wird Ihnen sagen können, dass der erste Schritt darin besteht, dem Käufer zu erzählen, welche – realen oder fiktiven – Vorteile dieser durch den Kauf seines Produktes gewinnt.

Wenn Sie eine Idee, ein Programm, ein Projekt oder was auch immer verkaufen wollen, dann müssen Sie zuerst etwas finden, das Ihr jeweiliges „Produkt" charakterisiert. Befassen Sie sich ein wenig mit Werbestrategien. Die Werbung verkauft nicht ein Markenbier, sondern das Vergnügen, mit seinen Freunden zusammenzusein und zu trinken. Die Werbung verkauft nicht ein Auto, sondern das befriedigende Gefühl, andere beeindrucken zu können oder der Schnellste auf der Straße zu sein. Und so weiter.

Wie muss ein guter Verkäufer auftreten?

Profil eines Verkäufers

__Ein Verkäufer__ ist ein Mensch, der von anderen geschätzt wird. Er ist offen, optimistisch, fröhlich und imstande potenzielle Kunden mit kleinen Scherzen zu unterhalten, denn Lachen knüpft ein Band zwischen Menschen. Wir finden Menschen, die uns zum Lachen bringen, immer sehr viel anziehender als andere – das wurde bereits unzählige Male nachgewiesen.

***Ein Verkäufer** ist ein brillanter Redner. Ebenso wie eine Führungspersönlichkeit weiß auch ein Verkäufer, dass man Menschen beinflussen kann, indem man ihnen Komplimente macht, ihnen zuhört und sie dazu ermutigt, über sich selbst zu sprechen, denn dadurch gewinnt man ihr Vertrauen.*
Wenn andere Ihnen zuhören sollen, müssen Sie darauf achten, wie Sie auftreten und sprechen. Vertreten Sie eine Sache zu leidenschaftlich, dann kommt bei anderen Unbehagen auf, was in einer Abwehrhaltung mündet – sie haben den Eindruck, man wolle ihnen nur etwas verkaufen und das genau ist es, was Sie vermeiden sollten.
Legen Sie jedoch zu wenig Leidenschaft an den Tag, dann wirken Sie gleichgültig – wenn Sie selbst nicht glauben, was Sie sagen, wie sollte es dann jemand anderes tun? Achten Sie auf die richtige Balance, die Ihre Ernsthaftigkeit zum Ausdruck bringt.
***Ein Verkäufer** weiß, wie er sich ausdrücken muss. Um eine Idee zu verkaufen, muss man klar, zusammenhängend und ruhig sprechen können.*
Versuchen Sie jeden Tag Ihren Wortschatz zu erweitern. In unserer Sprache gibt es viele Worte, die wir nicht gerne verwenden, weil wir befürchten, wir könnten sonst snobistisch und überheblich wirken. Das ist falsch. Gönnen Sie sich das Vergnügen, neue Worte und Ausdrücke in Ihren Wortschatz zu übernehmen.
***Zu guter Letzt muss ein guter Verkäufer** taktvoll sein. Wer Ihnen beispielsweise ein Auto verkaufen möchte, wird keine Schmährede auf Autos anderer Marken halten, da er ja nicht weiß, welches Auto Sie im Moment fahren.*
Versuchen Sie kritische Themen zu vermeiden, selbst wenn Sie das Gefühl haben, Ihrem Gegenüber sei es egal. Sie verschwenden nur Ihre Zeit und Sie gehen das Risiko ein, bei der anderen Person, die Sie auf Ihre Seite bringen möchten, Ablehnung hervorzurufen. Solche Bemühungen bewirken oft das Gegenteil von dem, was man sich erhofft hatte!

Denken Sie daran, dass Sie alle in diesem Buch aufgezeigten Schritte nacheinander absolvieren müssen, wenn Sie Ausstrahlungskraft und Autorität erlangen wollen. Jeder einzelne Schritt basiert auf dem vorangangenen und alle zusammen schaffen die Grundlage, jenen geheimnisvollen „Schlüssel" zu finden, der Ihnen die Tür zur wahren Autorität öffnet.

Sie können schließlich die richtigen psychologischen Taktiken anwenden, um sich der Hilfe anderer zu versichern, doch dürfen Sie diese Menschen nicht ausnutzen oder von ihren Schwächen und Fehlern profitieren, denn das wäre Ihrer unwürdig.

Stützen Sie Ihre Autorität auf die Stärken der anderen. Wenn Sie diesen behilflich sind mehr Kompetenz zu erwerben und stolz auf ihre Leistungen zu sein, dann werden Sie sich die erstklassige Unterstützung und den Rückhalt sichern, den Sie benötigen.

Indem Sie jenen helfen, denen Sie vorstehen, helfen Sie auch sich selbst.

Zusammenfassung

Sie sind nun also eine Persönlichkeit mit Ausstrahlung und besitzen die Unterstützung anderer. Nun wird es für Sie ein Leichtes sein, eine Führungspersönlichkeit zu werden.

Wie?

Der erste Schritt besteht darin aufzufallen, aus der Anonymität herauszutreten. Zeigen Sie, dass Sie anders sind, dann ziehen Sie die Aufmerksamkeit derjenigen auf sich, die in der Lage sind, Ihnen Autorität zu übertragen.

Erwerben Sie zunächst einige spezielle Qualifikationen, die nur wenige besitzen. Achten Sie darauf, höflich und respektvoll mit anderen umzugehen. Man wird Sie dadurch noch mehr schätzen.

Stellen Sie sicher, dass Sie die richtige Unterstützung haben – das ist der Schlüssel zu persönlicher Autorität. Versuchen Sie, im Umgang mit Kollegen und Untergebenen taktvoll und diplomatisch zu sein. Gehen Sie beim Lösen von Problemen bedacht vor, ohne jedoch Zeit zu vergeuden. Sie können andere auf Ihre Seite ziehen, indem Sie eine positive Haltung einnehmen, ihnen zuhören und Interesse an ihren Problemen und Leistungen bekunden.

Doch vor allem weiß eine Führungspersönlichkeit, wie sie mit ihrer Zeit umgehen muss. Erstellen Sie eine Liste all Ihrer Aufgaben, schieben Sie nichts vor sich her, setzen Sie Prioritäten und vermeiden Sie es, den Eindruck zu erwecken, Sie seien überarbeitet.

Und zu guter Letzt: Eignen Sie sich Verkaufsstrategien an, denn Sie müssen sowohl sich selbst als auch Ihre Ideen verkaufen. Das Profil eines guten Verkäufers ähnelt bemerkenswert dem einer echten Führungspersönlichkeit.

Ihr Erfolg hängt von Ihnen ab

„Nichts ist überzeugender als Erfolg!" lautet ein Sprichwort.

Das Potenzial für Erfolg steckt auch in Ihnen. Sie müssen nur lernen es zu nutzen.

Bekämpfen Sie Ihre Hemmungen, Schüchternheit und Unsicherheit, gewinnen Sie mehr Selbstvertrauen, stärken Sie Ihr Selbstbewusstsein, bauen Sie ein positives Selbstbild auf, lernen Sie zu lieben und geliebt zu werden.

Wenn Sie Ihre Persönlichkeit weiterentwickeln und das Charisma erwerben, von dem Sie immer geträumt haben, dann wird sich Ihnen die Welt in all ihrem Glanz und ihrer Schönheit eröffnen und nicht zuletzt wird sich auch materieller Erfolg einstellen.

Nun, da Sie das Buch nahezu beendet haben, sind Sie vermutlich nicht mehr der gleiche Mensch wie zu Anfang. Sie sind bereit sich zu verändern und Ihr Selbstbild zu verbessern, bereit den Weg zum Erfolg und zu einem erfüllten Leben anzutreten.

Vergessen Sie jedoch nicht, dass Geduld eine der Grundvoraussetzungen für die Entwicklung oder Veränderung der Persönlichkeit ist. Überstürzen Sie nichts. Machen Sie einen Schritt nach dem anderen und vergewissern Sie sich, dass Sie den Sinn einer Übung verstanden haben, bevor Sie weitermachen.

Halten Sie durch und lassen Sie sich nicht entmutigen, wenn Sie manchmal das Gefühl haben, keinen Schritt vorwärtszukommen. Machen Sie eine Pause, dann können Sie erholt an der Entwicklung Ihres Charismas weiterarbeiten.

Vertrauen Sie darauf, dass Sie es schaffen. Sie sind der/die Einzige, der/die das richtig interpretieren kann, was das Leben für Sie bereithält. Lassen Sie sich nicht mehr von Äußerlichkeiten täuschen und Sie werden frei, unabhängig und in der Lage sein, sich zu verändern und Ihr Schicksal zu meistern. Sie werden für Ihre Gesundheit und Ihr Glück selbst verantwortlich sein. Sie können Ihr Leben nun in die Hand nehmen, da Sie endlich wissen, dass all Ihre angeborenen Talente Ihnen voll zur Verfügung stehen.

Leben Sie Ihr Leben intensiv, ziehen Sie den Erfolg an, werden Sie glücklich und lassen Sie sich lieben. Kommen Sie aus Ihrem Schneckenhaus heraus und nehmen Sie den Platz ein, der Ihnen zusteht.

Bewerbung

Bewerbungsbriefe und Stellengesuche
Von W. Reichel,
96 S., kartoniert
ISBN: 3-635-**60120**-9
Preis: DM 9,90

Mit Ihren Bewerbungsunterlagen werben Sie für sich selbst. Mehr denn je kommt es heute auf eine ansprechende und stilsicher formulierte Bewerbung an. Dieser Ratgeber hilft Ihnen, sich richtig darzustellen und zeigt Ihnen auch die zu beachtenden Regeln bei der Suche mittels einer Stellenanzeige.

Erfolgreich bewerben um einen Ausbildungsplatz
Von H. Friedrich,
128 S., kartoniert
ISBN: 3-635-**60268**-X
Preis: DM 12,90

Die Suche nach einem Ausbildungsplatz ist heutzutage nicht immer einfach. Dieser Ratgeber informiert über alle Aspekte, die Sie beim Bewerben beachten sollten und gibt praktische Tipps zur Vorbereitung und Hinweise zu telefonischen Bewerbungen.

Vorstellungsgespräche
von H. Friedrich,
144 S., kartoniert
ISBN: 3-635-**60012**-1
Preis: DM 11,90

Gerade angesichts der angespannten Arbeitsmarktlage ist es sehr wichtig, sich bei Bewerbung und Vorstellungsgespräch optimal zu „verkaufen". Dieses FALKEN TaschenBuch gibt Auskunft, wie Sie sich auf das Gespräch gut vorbereiten und erfolgreich aus diesem hervorgehen.

Assessment Center
Von H. Beitz, A. Loch,
160 S., kartoniert
ISBN: 3-8068-**1385**-X
Preis: DM 24,90

Das Assessment Center als Auswahlverfahren für BewerberInnen um eine neue berufliche Position setzt sich immer mehr durch. Dieses Buch hilft bei der Vorbereitung und stellt alle wichtigen Kriterien eines Assessment Centers detailliert vor.

Testtrainer Einstellungstest
Von Dr. W. Reichel,
136 S., gebunden
ISBN: 3-8068-**4999**-4
Preis: DM 15,-

Die Arbeitsmarktsituation bringt es mit sich, dass im Auswahlverfahren immer mehr Einstellungstests eingesetzt werden. Mit diesem Trainer bereiten Sie sich gezielt auf die verschiedenen Tests vor. Ein Kapitel zum Assessment Center rundet das Trainingsprogramm ab.

Zeugnisse im Beruf
Von H. Friedrich,
112 S., kartoniert
ISBN: 3-635-**60069**-5
Preis: DM 12,90

Dieses Buch sagt alles Wissenswerte über das Verfassen, Deuten und Auslegen von Zeugnissen. Wichtige Tipps für den Zeugnisempfänger runden das Thema ab. Im Anhang finden Sie gesetzliche Regelungen sowie Muster für ein Arbeitszeugnis.

FALKEN TaschenBuch

FALKEN

Stand der Preise 1.1.1998 · Änderungen vorbehalten

Korrespondenz

Bewährte Musterbriefe für alle Gelegenheiten
Von O. Fuhrmann
240 S., kartoniert
ISBN: 3-8068-**0231**-9
Preis: DM 19,90

Worin liegt das Geheimnis eines guten Briefs? Was kommt beim Empfänger gut an? Wie erreicht man das, was man will?
Auf die zahlreichen Fragen, die bei der täglichen Privatkorrespondenz auftreten, gibt dieser Ratgeber zuverlässige Antworten.

Der neue Briefsteller
Von I. Wolter-Rosendorf
130 S., kartoniert
ISBN: 3-635-**60002**-4
Preis: DM 12,90

Die Vorschriften für den richtigen Briefverkehr sind heute viel einfacher, als man annimmt. Bevorzugt wird mehr und mehr ein aufgelockerter, sachgerechter Stil. Dieses Buch bietet passende Musterbriefe für jede Gelegenheit und verrät das Wichtigste über den Aufbau und die Gestaltung von Briefen.

Briefe der Anteilnahme
Von E. Ruge, M. Adam
88 S., kartoniert
ISBN: 3-635-**60138**-1
Preis: DM 12,90

Die richtigen Worte zu finden bei Abschied, Verlust, Trennung oder Tod, fällt oft schwer. Dieser Ratgeber hilft Ihnen anhand zahlreicher Beispiele, Anteilnahme angemessen auszudrücken und den Betroffenen Mut zu machen, ganz auf die Situation der Ansprechpartner abgestimmt.

Erfolgreiche Geschäftskorrespondenz
Von U. Schoenwald
112 S., kartoniert
ISBN: 3-635-**60172**-1
Preis: DM 12,90

Die Regeln für die Korrespondenz haben sich in vielen Fällen geändert und wurden internationalen Standards angepasst. In diesem praktischen Ratgeber erfahren Sie alles, was Sie über eine korrekte und zeitgemäße Briefgestaltung wissen müssen.

Briefe an Behörden
Von F. Weber – 144 S., kartoniert
ISBN: 3-8068-**1576**-3
Preis: DM 19,90

Ob Sie Einspruch oder Widerspruch erheben möchten oder einen Antrag stellen wollen, dieser Ratgeber gibt Ihnen aktuelle Tipps und Hinweise für das Schreiben an Behörden. Die Tabelle „Was erledige ich wo?" zeigt Ihnen auf einen Blick, welche Behörde für welchen Anlass zuständig ist.

Einladungen texten und gestalten
Von R. Zey, A. Bellingen
80 S., 41 s/w-Zeichnungen, kartoniert
ISBN: 3-635-**60074**-1
Preis: DM 9,90

Ob Geburtstag, Silvesterparty, Tauffeier oder Dinner for two – es gibt immer Anlässe, nette Leute einzuladen. Dieses Buch gibt Ihnen mit rund 70 pfiffigen Mustertexten viele Ideen für die Einladung zu Ihrem nächsten Fest.

FALKEN TaschenBuch

FALKEN

Stand der Preise 1.1.1998 · Änderungen vorbehalten

Was kostet mein Recht?
Von J. Mosler – 104 S.,
mit vielen Tabellen, kartoniert
ISBN: 3-635-**60234**-5
Preis: DM 12,90

Bei vielen Streitfällen brauchen Sie Rat, Unterstützung und Vermittlung durch andere, ob für eine Auseinandersetzung vor Gericht oder ohne Prozess.
Doch was kommt in einem solchen Fall an Kosten auf Sie zu? Mit Hilfe dieses Rechtsratgebers erfahren Sie, was Sie Ihr Recht kostet, wie Sie im voraus einen Kostenüberblick gewinnen und so Kosten vermeiden können.

Ihr Recht als Vermieter
Von R. Richter, P. J. Schneider,
A. Pollert – 208 S., kartoniert
ISBN:3-635-**60243**-4
Preis: DM 16,90

Unangenehme Mieter, Streit um das Mietobjekt, Verjährungsfristen – so manches kann einem Vermieter das Leben schwer machen. Der Ratgeber schafft einen Überblick über die wichtigsten Aspekte des Mietrechts.

Testament und Erbschaft
Von T. Drews – 192 S.,
zweifarbig, kartoniert
ISBN: 3-635-**60058**-X
Preis: DM 14,90

Was ist beim Abfassen eines Testaments zu beachten? Welche Funktionen hat ein Testamentsvollstrecker? Wie ist die gesetzliche Erbfolge geregelt? Was bedeutet Pflichtteil? Dieser Rechtsratgeber gibt Auskunft und beantwortet alle wichtigen Fragen zum Thema Testament und Erbschaft.

Mietrecht aktuell
Von H. Weber – 160 S.,
2 Zeichnungen, kartoniert
ISBN: 3-635-**60052**-0
Preis: DM 14,90

Wohnen zählt zu den Grundbedürfnissen des Menschen, doch nicht jedem gehört die eigene Bleibe. Eine fundierte Kenntnis Ihrer Rechte und Pflichten als Mieter erleichtern den Umgang mit dem Vermieter und hilft, so manches Problem zu lösen. Dieser Ratgeber informiert Sie aktuell und umfassend über wichtige Fragen des Mietrechts.

Erziehungsgeld, Mutterschutz, Erziehungsurlaub
Von J. Grönert
192 S., kartoniert
ISBN: 3-635-**60014**-8
Preis: DM 19,90

Das 1986 in Kraft getretene Bundeserziehungsgeldgesetz, das auch den Erziehungsurlaub regelt, ist in den letzten Jahren erheblich verbessert worden. Dieser Rechtsratgeber informiert leicht verständlich über den aktuellen Stand und beantwortet alle wichtigen Fragen.

Scheidung und Unterhalt
Von T. Drewes
220 S., kartoniert
ISBN: 3-635-**60015**-6
Preis: DM 19,90

Die Zahl der Scheidungen nimmt immer weiter zu, die Konsequenzen sind für die Betroffenen kaum absehbar. Dieser Rechtsratgeber gibt Auskunft und beantwortet wichtige Fragen zu diesem Thema.

Hochzeitsfeste feiern

Wir heiraten
Von S. Lippe, 160 S.,
253 Farbfotos, gebunden
ISBN: 3-8068-**4863**-7
Preis: DM 39,90

Wer eine Traumhochzeit erleben möchte, an die sich alle noch nach Jahren erinnern, der muss rechtzeitig mit der Planung beginnen. Dieser Hochzeits-Ratgeber hilft dabei und bietet zahllose originelle Ideen und Anregungen für Verlobung, Polterabend, standesamtliche sowie kirchliche Trauung.

Hochzeitsfeiern planen und gestalten
Von S. Ahrndt,
128 S., 128 s/w-Fotos,
21 farbige Zeichnungen, kartoniert
ISBN: 3-8068-**1628**-X
Preis: DM 19,90

Dieses reich bebilderte Buch enthält neben organisatorischen Vorschlägen auch viele andere nützliche Informationen wie detaillierte Checklisten für die Terminplanung, Tipps und Anregungen für die Feier, Geschenkideen, Reden und Spiele.

Neue Hochzeitsreden
Von S. Harland
112 S., kartoniert
ISBN: 3-635-**60158**-6
Preis: DM 12,90

Mit diesem Buch kann bei der Hochzeitsrede nichts mehr schief gehen! Eine kleine Redner-Schule gibt viele praktische Rede-Tipps und zahlreiche moderne Musterreden liefern Ideen für Ansprachen zu verschiedensten Situationen und Feiern. Eine Sammlung von Zitaten und Bonmots zum Thema Liebe und Ehe runden das Buch ab.

Die Silberhochzeit
Von K. F. Merkle, 112 S.,
27 Zeichnungen, kartoniert
ISBN: 3-635-**60010**-5
Preis: DM 12,90

Wenn zwei Menschen nach einem Vierteljahrhundert gemeinsam auf den zurückgelegten Weg blicken können, dann muss dieses Ereignis gebührend gefeiert werden. Dieser Ratgeber will das Jubelpaar sowie Freunde und Verwandte dabei unterstützen.

Spiele für Hochzeitsfeiern
Von E. und H. Bücken
120 S., durchgehend vierfarbig, kartoniert
ISBN: 3-8068-**1530**-5
Preis: DM 19,90

Wer seine Feste – sei es Polterabend, grüne Hochzeit oder all die anderen Hochzeitstage – durch Spiele auflockern will, der findet in diesem Buch viele Vorschläge für außergewöhnliche, witzige oder auch besinnliche Aktivitäten.

Hochzeitszeitungen
Von Y. Tahlheim, 80 S.,
160 zweifarbige Abbildungen, kartoniert
ISBN: 3-8068-**1379**-5
Preis: DM 19,90

Dieser Ratgeber liefert eine Fülle von Ideen und beantwortet alle Fragen, die bei der Herstellung einer Hochzeitszeitung auftauchen. Alle Zeichnungen des Buches können herauskopiert und so unmittelbar übernommen werden.

FALKEN TaschenBuch

FALKEN

Stand der Preise 1.1.1998 · Änderungen vorbehalten

Kochen

Trennkost
Von U. Summ, 160 S.,
40 Farbzeichnungen, kartoniert
ISBN: 3-635-**60023**-7
Preis: DM 12,90

Sie möchten sich rundum wohlfühlen und vielleicht auch ein paar Pfunde verlieren? Dann ist Trennkost genau das richtige! Das Buch zeigt Ihnen mit über 120 Rezepten für den ganzen Tag, einem Trennungs- und Mengenplan sowie einem Umschalttag zur Umstellung, wie es funktioniert.

Preiswert kochen
Von E. Fuhrmann – 136 S.,
40 Farbzeichnungen, kartoniert
ISBN: 3-635-**60025**-3
Preis: DM 12,90

Auch mit preiswerten Lebensmitteln lassen sich attraktive Gerichte zubereiten. Das beweist dieser praktische Ratgeber mit über 120 fantasievollen Rezepten für jeden Geschmack.

Vegetarisch kochen
Von Prof. Dr. C. Leitzmann, K. Dittrich, C. und G. Kurz – 128 S.,
30 Farbzeichnungen, kartoniert
ISBN: 3-635-**60026**-1
Preis: DM 12,90

Ernährung soll heute schmackhaft und unkompliziert sein, aber leistungsfähig und fit halten. Die vegetarische Ernährung erfüllt all diese Ansprüche. Mit über 85 Rezepten macht dieses Buch allen Lust aufs „Kochen mit dem grünen Löffel".

Mikrowellen-Kochbuch
Von B. Pfeiffer – 128 S.,
40 zweifarbige Vignetten, kartoniert
ISBN: 3-635-**60008**-3
Preis: DM 12,90

Möchten Sie nicht auch einmal mehr mit Ihrer Mikrowelle machen, als nur Essen aufzuwärmen? In diesem praktischen Ratgeber finden Sie über 130 köstliche Gerichte für jeden Anlass. Die Rezepte sind für Solo-, Grill- und Kombinationsgeräte geeignet.

Backen ohne Zucker
Von H. Erkelenz, 88 S.,
33 Farbzeichnungen, kartoniert
ISBN: 3-635-**60098**-9
Preis: DM 12,90

Auch wenn Sie auf Haushaltszucker verzichten müssen, kann Ihr Speiseplan süße Gaumenfreuden enthalten. In diesem Buch finden Sie rund 80 Rezepte zum Backen ohne Zucker, dazu viele Tipps zum Umgang mit Fruchtzucker.

Waffeln
Von S. Koch – 146 S.,
30 Farbzeichnungen, kartoniert
ISBN: 3-635-**60034**-2
Preis: DM 14,90

Frischgebackene Köstlichkeiten laden zum Genießen ein: schnell zubereitet, lassen sie sich vielfältig variieren und mit den verschiedensten Beilagen kombinieren. Bei den über 220 Rezepten für Waffeln, Pfannkuchen, Crêpes und Hörnchen ist garantiert für jeden Geschmack etwas dabei.

FALKEN TaschenBuch

Stand der Preise 1.12.1997 · Änderungen vorbehalten

Eine Auswahl aus dem Verlagsprogramm

RAT UND WISSEN

Bewerbung

ewerbungsstrategien
027-3, von Dr. W. Reichel,
28 S., kart.
M 14,90

nitiativbewerbungen
107-0, von Dr. W. Reichel,
28 S., kart.
M 16,90

egale Bewerbungstricks
0325-2, von V. S. Rottmann,
6 S., kart.
M 12,90

ebenslauf und Bewerbung
0007-5, von H. Friedrich,
12 S., kart.
M 12,90

ewerbung um einen
usbildungsplatz
936-X, von P.-J. Schneider,
1. Zindel, 112 S., kart.
M 16,90

ewerbungserfolg trotz
chwacher Zeugnisse
0157-8, von A. Schieberle,
36 S., kart.
M 14,90

esttrainer Einstellungstests
999-4, von Dr. W. Reichel,
36 S., geb.
M 15,–
imitierter Sonderpreis)

Vorstellungsgespräche
60012-1, von H. Friedrich,
144 S., kart.
DM 11,90

Arbeitszeugnisse
1444-9, von A. Nasemann,
136 S., kart.
DM 16,90

Rechtsratgeber für Arbeitnehmer
60258-2, von U. Teschke-Bährle, 160 S., kart.
DM 16,90

Beruf/Karriere

Selbstständigkeit und freie Mitarbeit
1891-6, von T. Hammer, Dr. W. Kiefl, 144 S., kart.
DM 19,90

Erfolgreiche Existenzgründung
60285-X, von N. Rentrop,
192 S., kart.
DM 19,90

FALKEN Reihe: FALKEN & PITMAN MANAGEMENT
Ausstattung: zwischen 184 S. und 248 S., Broschur
Preis: **DM 39,90**
4972-2 Die ersten 100 Tage als Chef
4973-0 Erfolgreiches Zeitmanagement
4976-5 Richtig delegieren
4971-4 Erfolgreiche Verhandlungstaktiken
4975-7 Die perfekte Präsentation

4974-9 Meetings erfolgreich steuern
7331-3 Marketing – eine Einführung
7329-1 Erfolgreich im Management
7330-5 Basiswissen für Führungskräfte
7328-3 Mitarbeitermotivation durch Empowerment
7362-3 Das souveräne Verhandlungsgespräch
7361-5 Erfolgsgeheimnis Teambildung

Lernhilfen/Schule

Erfolgreich im Beruf mit NLP
60288-4, von K. Grochowiak, S. Haag, 104 S., kart.
DM 12,90

Handbuch Mathematik
4964-1, von W. Scholl, R. Drews, 848 S., geb.
DM 69,90

Englische Grammatik
7341-0, von E. Henrichs-Kleinen, 288 S., geb.
DM 39,90

Gedächtnistraining mit Eselsbrücken
60060-1, von W. Ettig,
96 S., kart.
DM 12,90

Buchführung leicht gefaßt
60091-1, von H. R. Pohl,
104 S., kart.
DM 12,90

Schreiben lernen mit Schreibmaschine und PC
60055-5, von O. Fonfara,
112 S., kart.
DM 9,90

Kostenrechnung leicht gemacht
4826-2, von D. Machenheimer, 240 S., geb.
DM 39,90

FALKEN Reihe: Schülerhilfe
Ausstattung: zwischen 64 S. und 172 S., kartoniert
Preis: zwischen **DM 14,90** und **DM 29,90**
1834-7 Die neue deutsche Rechtschreibung
1890-9 Deutsche Grammatik
1783-9 Aufsatz
1623-9 Bruchrechnen
1569-0 Geometrie

1709-X Prozent- und Zinsrechnung
1570-4 Gleichungen und Ungleichungen

1888-6 Wurzeln und Potenzen
1624-7 English Pronouns
1574-7 English Tenses
1784-7 If-Clauses & Co.

Recht/Wirtschaft/ Steuern

Was kostet mein Recht?
60234-5, von J. Mosler, 104 S., kart.
DM 12,90

Recht für Mieter
1932-7, von M. Gaida, 304 S., kart.
DM 29,90

Der FALKEN Bauherren-Ratgeber
4888-2, von W. Jung, B. W. Klöckner, 352 S., kart.
DM 39,90

Ihr Recht als Vermieter
60243-4, von R. Richter, P. J. Schneider, A. Pollert, 208 S., kart.
DM 16,90

Eheverträge
60037-7, von T. Münster, 226 S., kart.
DM 19,90

Erziehungsgeld, Mutterschutz, Erziehungsurlaub
60014-8, von J. Grönert, 192 S., kart.
DM 19,90

Scheidung und Unterhalt
60015-6, von T. Drewes, 220 S., kart.
DM 19,90

Gesetzliche und private Altersvorsorge
1847-9, von D. Rehahn, H. A. Reichel, W. Schöttler, 192 S., kart.
DM 24,90

Wie hoch wird meine Rente?
60209-9, von K. Möcks, A. Schmitt, 160 S., kart.
DM 16,90

Erbschaftsteuer aktuell
60324-4, von W. Ludwig, 128 S., kart.
DM 14,90

Testament und Erbschaft
2111-9, von T. Drewes, R. Hollender, 296 S., englische Broschur
DM 29,90

Vermögensbildung mit Immobilien
1712-X, von W. Schwanfelder, 144 S., kart.
DM 24,90

Erfolg mit Aktien
1663-8, von A.-S. Rühle, 128 S., kart.
DM 16,90

Keine Angst vor dem Finanzamt
60064-4, von H. Vogt, 132 S., kart.
DM 16,90

Korrespondenz und Rhetorik

Der neue Briefsteller
60002-6, von I. Wolter-Rosendorf, 130 S., kart.
DM 12,90

Briefe und Reden für den Trauerfall
1789-8, von U. Wetter, 112 S., kart.
DM 16,90

Modernes Redetraining
1575-5, von Prof. Dr. R. Brehler, 120 S., kart.
DM 19,90

Körpersprache
60096-2, von H. Rückle, 96 S., kart.
DM 12,90

Reden für Familienfeiern
60281-7, von G. Kurz, 112 S., kart.
DM 12,90

Lebensstil und Umgangsformen

Kreative Wohnideen
4889-0, von T. Eichhorn, 128 S., geb.
DM 39,90

Farbberatung für die Wohnung
4743-6, von G. Watermann, 128 S., geb.
DM 49,90

300 neue Frisuren
7359-3, von S. Ehlers, 128 S., geb.
DM 29,90

Krawatten
7319-4, von F. Chaille, 180 S., geb., mit Schutzumschlag
DM 89,90

Tücher und Schals perfekt binden
1898-3, von E. Weber-Lorkowski, 48 S., kart.
DM 14,90

Umgangsformen heute
4876-9, von H.-G. Schnitzer, 256 S., geb.
DM 29,90

Der gute Ton im Privatleben
60097-0, von R. Bartels, 104 S., kart.
DM 12,90

Feste feiern

Das große FALKEN-Buch zur Märchenhochzeit
7360-7, von A. Körner, C. Ziegler, ca. 224 S., geb.
ersch. Juni 1998
ca. DM 49,90

Hochzeitsfeste mitgestalten
1790-1, von A. Wilke, B. Ha
104 S., kart.
DM 19,90

Tischdekorationen für die Hochzeit
1825-8, von H. Grob, A. Henseler u.a., 64 S., kart.
DM 19,90

Blumenschmuck für das Brautpaar
4881-5, von H. Grob, A. Henseler u.a., 80 S., geb.
DM 29,90

Neue Hochzeitsreden
60158-6, von S. Harland 112 S., kart.
DM 12,90

Feste feiern
4825-4, von C. Kast, 128 S., geb.
DM 39,90

Die neue Glückwunschfib
60031-8, von R. Christian-Hildebrandt, 106 S., kart.
DM 9,90

Astrologie/Esoterik

Kinderhoroskop
60242-6, von W. Noé, 152 S., kart.
DM 14,90

Liebes-Horoskop
60297-3, von W. Noé,
128 S., kart.
DM 12,90

Chinesisches Horoskop
60006-7, von G. Hadden-
bach, 86 S., kart.
DM 9,90

Das Indianische Horoskop
60294-9, von W. Noé,
128 S., kart.
DM 14,90

Wahrsagetechniken
60373-2, von G. Hadden-
bach, 144 S., kart.
DM 14,90

I Ging
60253-1, von R. Sorrell,
A. M. Sorrell,
224 S., kart.
DM 19,90

Reiki
60247-7, von B. Glaser,
J. Vogt, 128 S., kart.
DM 14,90

Traumdeutung
60045-8, von G. Hadden-
bach, 172 S., kart.
DM 12,90

UFOs über Deutschland
60319-8, von M. Hesemann
208 S., kart.
DM 19,90

Geheimlehren
60236-1, von N. Drury,
G. Tillet, 144 S., kart.
DM 16,90

Schutzengel
60333-3, von T. Keller,
D. Taylor, 144 S., kart.
DM 16,90

Auto/Führerschein

Der neue Verwarn- und Bußgeldkatalog
60292-2, von F. Littek,
126 S., kart.
DM 12,90

Der Test-Knacker bei Führerscheinverlust
2113-5, von T. Rieh,
128 S., kart.
DM 19,90

Prüfungsfragen und Prüfungsbogen für den Führerschein Kl. 3
1490-2, 104 S., kart.
DM 19,90

Trennkost

Trennkost für 1 Person
4851-3, von U. Summ,
112 S., geb.
DM 29,90

Trennkost leichtgemacht für Berufstätige
4890-4, von U. Summ,
128 S., geb.
DM 29,90

Das große Buch der Trennkost
4498-4, von U. Summ,
128 S., geb.
DM 29,90

Das Beste aus Ursula Summs Trennkost-Küche
4985-4, von U. Summ,
160 S., geb.
DM 29,90

Trennkost aus ärztlicher Sicht
60259-0, von Dr. med.
T.-M. Heintze, 84 S., kart.
DM 12,90

Erfolgreich schlank durch die Trennkost-6-Wochen-Kur
1968-8, von U. Summ,
104 S., kart.
DM 19,90

Die aktuelle Trennkost-Tabelle
1871-1, von U. Summ,
80 S., Flexcover
DM 14,90

Länderküche

Provence
7365-8, von U. Skadow,
S. Dickhaut, 224 S., geb.,
mit Schutzumschlag
DM 49,90

Italienische Küche
4830-0, von M. Kaltenbach,
R. Simeone, 224 S., geb.,
mit Schutzumschlag
DM 49,90

Chinesische Küche
7304-6, von H. Fu-Lung,
224 S., geb.,
mit Schutzumschlag
DM 49,90

Thailand
4945-5, von B. Aepli,
128 S., geb.,
mit Schutzumschlag
DM 34,90

Indien
7370-4, von S. Dhawan,
128 S., geb.,
mit Schutzumschlag
DM 39,90

Englische Landhausküche
4981-1, von D. Watkins,
J. J. Watkins, 128 S., geb.,
mit Schutzumschlag
DM 39,90

Amerikanische Küche
7308-9, von C. Stevenson Jr.,
P. Niebergall, 128 S., geb.,
mit Schutzumschlag
DM 39,90

Kochen

Unsere Kochschule
4959-5, von M. Kaltenbach,
F. W. Ehlert, 306 S., geb.
DM 25,–
(limitierter Sonderpreis)

FALKEN Reihe:
Rezepte! Rezepte!! Rezepte!!!
Ausstattung: 96 S., kart.
Preis: **DM 16,90**
1937-8 Krabben, Garnelen & Co.
1994-7 Chili, Peperoni & Co.
1944-0 Pastinaken, Kürbis & Co.

1941-6 Pizza, Quiche und Tarte
1939-4 Feta, Mozzarella & Co.
1940-8 American Cookies

FALKEN Reihe: ErlebnisKüche
Ausstattung: 128 S., geb.,
mit Schutzumschlag
Preis: **DM 34,90**
4944-7 Nudeln
4946-3 Raclette und heißer Stein
7315-1 Fondues
4984-6 Aufläufe und Gratins
4982-X Salate

Johann Lafer kocht – Neue Rezepte
7306-2, von Johann Lafer, 160 S., geb.
DM 39,90

Iß und trink und liebe
7303-8, von K. Ottenbach, 72 S., geb., mit Schutzumschlag
DM 49,90

Preiswert kochen
60025-3, von E. Fuhrmann, 136 S., kart.
DM 12,90

Vegetarische Gerichte aus aller Welt
4977-3, von A. Ilies, 224 S., geb., mit Schutzumschlag
DM 49,90

Rezepte mit Joghurt, Kefir & Co.
60068-7, von G. Volz, 104 S., kart.
DM 12,90

Vollwertküche für Genießer
4815-7, von Prof. Dr. C. Leitzmann, H. Million, 256 S., geb.
DM 39,90

Das essen Kinder gern
4978-1, von A. Brenner, 128 S., geb.
DM 29,90

Gerichte für Diabetiker
60033-4, von M. Oehlrich, 108 S., kart.
DM 12,90

Cholesterinarm kochen und genießen
4442-9, von R. Unsorg, 168 S., geb.
DM 49,90

Fettarm kochen – Abnehmen mit Genuß
4866-1, von G. Hölz, H. Million, 128 S., geb.
DM 39,90

Getränke

FALKEN Mixbuch
4733-9, Hrsg.: P. Bohrmann, 560 S., geb.
DM 39,90

Weinlexikon
4942-0, von Dr. H. Ambrosi, 384 S., geb.
DM 39,90

Meine Lieblingsweine
7364-X, von M. Broadbent, 224 S., geb., mit Schutzumschlag
DM 89,-

Wein richtig genießen lernen
4809-2, von H. Ambrosi, I. Swoboda, 128 S., geb.
DM 29,90

Mein Hobby Wein
7309-7, von R. Kriesi, 128 S., geb.
DM 34,90

Was Weinfreunde wissen wollen
7342-9, von Prof. Dr. K. Röder u.a., 192 S., geb.
DM 29,90

ElternRatgeber

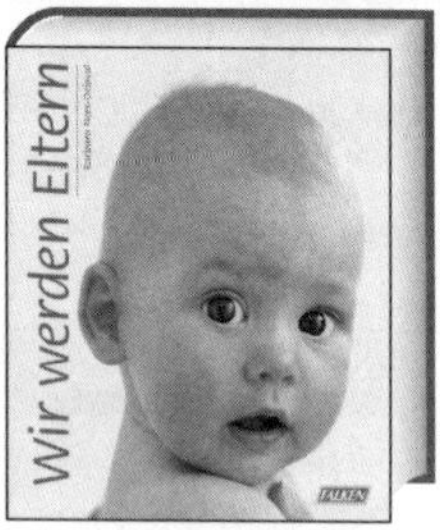

Wir werden Eltern
7353-4, von B. Nees-Delaval, 416 S., geb.
DM 39,90

Die schönsten Vornamen
4755-X, von Dr. D. Voorgang, 200 S., geb.
DM 19,90

Die Kunst des Stillens
60084-9, von Prof. Dr. med. E. Schmidt, S. Brunn, 110 S., kart.
DM 12,90

Das erste Jahr mit dem Baby
4884-X, von Dr. med. M. Weber, 144 S., geb.
DM 39,90

Wenn Kinder krank werden
7316-X, von B. Nees-Delaval, 240 S., geb.
DM 39,90

Mein Kind ist krank, so hilft die Natur
4761-4, von Dr. med. H. Wachtl, 160 S., geb.
DM 39,90

Menschen und Gesundheit

Heilpflanzen
4954-4, von A. Eckart, Dr. G. Eckert, 176 S., geb.
DM 39,90

Blütentherapie nach Dr. Bach
60019-9, von I. Wenzel, 96 S., kart.
DM 9,90

Traditionelle Chinesische Medizin
60312-0, von Dr. med. C. Kunkel, 118 S., kart.
DM 14,90

Chinesische Fünf-Elemente Ernährung
68005-2, von Dr. med. C. Kunkel, 144 S., kart.
DM 29,90

Allergien
60057-1, von G. Leibold, 100 S., kart.
DM 12,90

Neurodermitis
1649-2, von Prof. Dr. med. phil. S. Borelli, Prof. Dr. med. J. Rakoski, 136 S., kar
DM 24,90

Schuppenflechte
1467-8, von Prof. Dr. med. phil. S. Borelli, Prof. Dr. med. R. Engst, 102 S., kart.
DM 19,90

Teebaumöl
1878-9, von S. Poth, Prof. Dr. J. Reichling, 96 S., kart.
DM 19,90

Natürlich entgiften mit de Öl-Zieh-Kur
60391-0, von I. Hammelmann, 88 S., kart.
DM 10,90

Die sagenhafte Heilkraft der Papaya
60396-1, von H. Tietze, 80 S., kart.
DM 12,90

ISBN-Bestandteil: 3-8068- / bei Buchnummern, die mit der Ziffer 6 beginnen, lautet der ISBN-Bestandteil: 3-63

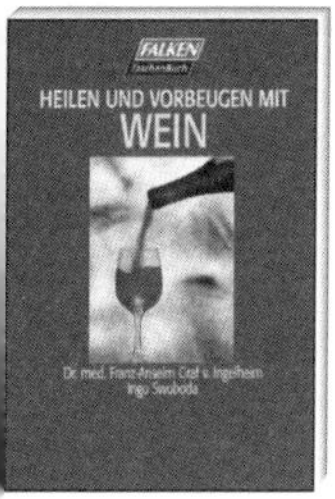

Heilen und Vorbeugen mit Wein
60311-2, von Dr. med.
F.-A. Graf von Ingelheim,
I. Swoboda, 96 S., kart.
DM 14,90

Grapefruitkern-Extrakt für Gesundheit und Kosmetik
60379-1, von R. Knoller,
80 S., kart.
DM 12,90

Rheuma
60040-7, von Prof. Dr. med.
K. Gräfenstein, 108 S., kart.
DM 14,90

Gymnastik für die Halswirbelsäule
1610-7, von J. Engelmann,
96 S., kart.
DM 19,90

treß bewältigen durch ntspannung
0070-9, von Dr. med.
Ch. Schenk, 122 S., kart.
M 14,90

ositives Denken und ntspannungstechniken
0305-8, von Dr. med.
. Schenk, 112 S., kart.
M 12,90

ugentraining
616-6, von M. Gollub,
rsg.: K. Haak, 96 S., kart.
M 24,90

Massage
60038-5, von K. Schutt,
78 S., kart.
DM 12,90

Akupressur
1231-4, von F. T. Lie,
192 S., kart.
DM 29,90

Fußsohlenmassage
60036-9, von G. Leibold,
96 S., kart.
DM 11,90

Yoga
60093-8, von U. Thomsen,
104 S., kart.
DM 12,90

Sport

FALKEN Lexikon für Pferdefreunde
7352-6, von G. Wöckener,
320 S., geb.,
mit Schutzumschlag
ersch. Mai 1998
DM 69,90

FALKEN Reihe: Ratgeber für Reiter
Ausstattung: zwischen 128 S. und 176 S., geb. oder kart.
Preis: zwischen **DM 29,90** und **DM 39,90**
4797-5 Ich will reiten lernen
4845-9 Junge Pferde selbst ausbilden
4871-8 Reiten für Einsteiger
4716-9 Reiten auf Gangpferden
4949-8 Wie verstehe ich mein Pferd?

Golf. Die frühen Jahre
7339-9, von D. Concannon,
144 S., geb.,
mit Schutzumschlag
DM 69,90

Der Schwung
4784-3, von O. Heuler,
128 S., geb.
DM 29,90

Fehler & Korrekturen
4872-6, von O. Heuler,
144 S., geb.
DM 39,90

FALKEN Reihe: Sportregeln
Ausstattung: zwischen 96 S. und 128 S., kart.
Preis: zwischen **DM 16,90** und **DM 24,90**
1676-X Basketball
1674-3 Pool-Billard
2135-6 Fußball
1754-5 Eishockey
1755-3 Tennis
1807-X Badminton

Tauchen
4955-2, von S. Müßig,
128 S., geb.
DM 39,90

Tennistraining mit System
4878-5, von A. Ferrauti,
P. Maier, K. Weber,
192 S., geb.
DM 49,90

Billard
1313-2, von Dr. H. Stingl,
112 S., kart.
DM 29,90

Aggressive In-Line-Skating
1836-3, von U. Sauter u.a.,
96 S., kart.
DM 24,90

Snowboarding
1860-6, von A. Hebbel-Seeger, 112 S., kart.
DM 29,90

Angeln
60080-6, von E. Bondick,
80 S., kart.
DM 12,90

Tanzen
4948-X, von P. Wolff,
192 S., geb.
DM 49,90

Fitness/Gymnastik

Fitness-Boxen
1671-9, von F. Kürzel,
P. Wastl, 96 S., kart.
DM 24,90

Fit mit Ayurveda
60260-4, von J. Douillard,
208 S., kart.
DM 19,90

Stretching
60085-7, von E. Kleila,
64 S., kart.
DM 9,90

Muskeltraining zu Hause
60100-4, von A. Balk,
128 S., kart.
DM 14,90

Kampfsport

Aikido
2120-8, von R. Brand,
280 S., kart.
DM 24,90

Judo
0305-6, von M. Ohgo,
206 S., kart.
DM 24,90

Karate Grundlagen
1863-0, von E. Karamitsos,
B. Pejcic, 144 S., kart.
DM 29,90

25 Shotokan-Katas
2125-7, von A. Pflüger,
88 S., kart.
DM 24,90

Bruce Lee – Sein Leben und Kampf
0392-7, von L. Lee,
136 S., kart.
DM 24,90

Bruce Lees Kampfstil 1
0473-7, von B. Lee,
M. Uyehara, 112 S., kart.
DM 9,90

Bruce Lees Kampfstil 2
0486-9, von B. Lee,
M. Uyehara, 128 S., kart.
DM 12,90

Dynamische Tritte
1683-2, von G. Chung,
C. Rothrock, 128 S., kart.
DM 16,90

Taekwondo
0347-1, von K. Gil,
152 S., kart.
DM 16,90

Ninja
1161-X, von A. Adams,
192 S., kart.
DM 19,90

Heimwerken/Technik

FALKEN Reihe: Do it yourself
Ausstattung: zwischen 80 S., und 104 S., kart.
Preis: **DM 19,90**
1665-4 Reparaturen in Haus und Garten
1159-8 Betonieren, Mauern, Fliesen
1857-6 Bäder ausbauen und modernisieren

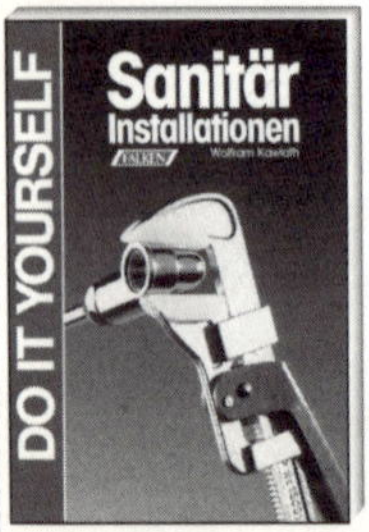

1118-0 Sanitärinstallationen
1799-5 Fliesen legen
1855-X Tapezieren und Streichen
1841-X Dachausbau
1995-5 Innenausbau mit System
1859-2 Elektroarbeiten
1716-2 Sicherheit an der Haustür

Heimwerken
4983-8, von T. Pochert,
416 S., geb.
DM 49,90

Foto/Video

Moderne Fotopraxis
7310-0, von G. Koshofer,
Prof. H. Wedewardt,
240 S., geb.
DM 49,90

Zeichnen und Malen

Kreativ zeichnen
4688-X, von B. Bagnall,
176 S., geb.
DM 39,90

Aquarellmalerei
4529-8, von Prof. W. Wrisch,
136 S., geb.
DM 39,90

Kalligraphie
1044-3, von I. Schade,
80 S., kart.
DM 19,90

Airbrush
1133-4, von C. M. Mette,
80 S., kart.
DM 19,90

Seidenmalerei

Lexikon der Seidenmalerei
4737-1, von K. Huber,
208 S., geb.
DM 49,90

Aquarellieren auf Seide
4842-4, von Shahida,
112 S., geb.
DM 39,90

Einführung in die Seidenmalerei
0611-X, von R. Henge,
88 S., kart.
DM 19,90

Malen auf Seide
4941-2, von C. Köhl,
Shahida, 112 S., geb.
DM 29,90

Verschiedene Techniken

Alles aus Wellpappe
1430-9, von I. Kasperek,
64 S., kart.
DM 19,90

Landhausstil
7332-1, 128 S., geb.
DM 34,90

Artischockentechnik
1682-4, von M. von Perbandt, K. Teuber,
64 S., kart.
DM 19,90

Patchwork und Quilt
4803-3, von I. Kahmann u.a., 112 S., geb.
DM 29,90

Nähen
4709-6, von S. von Rudzinski,
176 S., geb.
DM 39,90

Perfekt Stricken
4821-1, von H. Jaacks,
224 S., geb.
DM 39,90

Töpfern ohne Scheibe
0896-1, von A. Riedinger,
80 S., kart.
DM 19,90

Dekorieren und Gestalten mit Naturmaterialien
4748-7, von E. Dommershausen u.a., 128 S., geb.
DM 29,90

Stempeln
1823-1, von E. Metz,
P. Läpple, 80 S., kart.
DM 19,90

Freundschaftsbänder
1720-0, von A. Neeb,
E. Walch u.a., 64 S., kart.
DM 19,90

Bücher, Alben, Schachteln selbermachen
4772-X, von P. Baumgartne
96 S., geb.
DM 29,90

Geldgeschenke und Geschenkgutscheine
1684-0, von S. Haenitsch-Weiß, 64 S., kart.
DM 19,90

Spiele/Denksport

Bridge für Einsteiger
1691-3, von B. Ludewig,
104 S., kart.
DM 16,90

Doppelkopf
1828-2, von U. Vohland,
96 S., kart.
DM 16,90

Kartenspiele
7333-X, von M. Mala,
176 S., geb.
DM 29,90

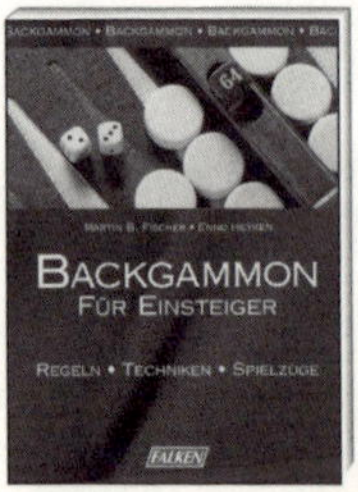

Backgammon für Einsteig
1690-5, von M. B. Fischer,
E. Heyken, 104 S., kart.
DM 16,90

Patiencen
60020-2, von I. Wolter-Rosendorf, 112 S., kart.
DM 12,90

Poker
60225-6, von C. D. Grupp, 112 S., kart.
DM 12,90

Schach für Einsteiger
1724-3, von E. Heyken, 120 S., kart.
DM 19,90

Spielideen für Partys
1725-1, von E. und H. Bücken, 88 S., kart.
DM 16,90

111 Spielideen, das Gedächtnis zu trainieren
1829-0, von T. Werneck, 96 S., kart.
DM 16,90

Knobeleien und Denksportaufgaben
60099-7, von K. Rechberger, 100 S., kart.
DM 12,90

Ratgeber für Kinder

FALKEN Reihe: Ratgeber für Kinder
Ausstattung: zwischen 48 S. und 64 S., geb.
Preis: **DM 19,90**
4897-1 Mein Mutmachbuch
4898-X Mein Krankenhausbuch
4896-3 Mein erstes Pferdebuch

337-2 Mein erstes Reitbuch
991-9 Mein Kochbuch
990-0 Mein Ballettbuch
900-5 Mein Fußballbuch
938-2 Mein Fahrradbuch
335-6 Mein erstes Inline-Skating-Buch
894-7 Mein Katzenbuch
939-0 Mein Hundebuch
4993-5 Mein Hamsterbuch
7324-0 Mein Wellensittichbuch
7338-0 Mein Meerschweinchenbuch
4992-7 Wenn meine Eltern sich trennen

Kinderbeschäftigung

Das neue Bastelbuch für Kinder
4893-9, von U. Barff, I. Burkhardt, J. Maier, 208 S., geb.
DM 39,90

Basteln mit Pappe und Papier
4843-2, Hrsg.: U. Barff, 112 S., geb.
DM 29,90

Schminken und Verkleiden
4773-8, von W. Stelzenhammer, Hrsg.: U. Barff, 128 S., geb.
DM 29,90

Spielen mit einfachen Sachen
4994-3, von A.-G. Patz, D. Patz, 112 S., geb.
DM 29,90

Tanz-, Kreis- und Bewegungsspiele
7343-7, von A.-G. und D. Patz, 112 S., geb.
DM 29,90

Spiele für Kleinkinder
60022-9, von D. Kellermann, 104 S., kart.
DM 12,90

Kinderleichte Kochrezepte für kleine Leute
4850-5, von K. Müller-Urban, 128 S., geb.
DM 19,90

Garten

Die große FALKEN Gartenschule
7354-2, von J. Breschke u. a., 560 S., geb., mit Schutzumschlag
DM 79,90

FALKEN Gartenjahr
7355-0, von K. Greiner, A. Weber, P. Michaeli-Achmühle, 320 S., geb.
DM 39,90

100 englische Gärten
4885-8, von P. Taylor, 216 S., geb., mit Schutzumschlag
DM 79,–

Bauerngärten
4786-X, von U. Krüger, 128 S., geb.
DM 39,90

Naturgärten
4967-6, von J. Korz, 240 S., geb.
DM 69,90

Gartengestaltung mit Phantasie
7318-6, von K. Greiner, Dr. A. Weber, 208 S., geb., mit Schutzumschlag
DM 79,90

Blumen, Stauden, Ziergehölze
4753-3, von K. Greiner, Dr. A. Weber, 384 S., geb.
DM 69,90

FALKEN Lexikon Gartenteich
4778-9, von I. Polaschek, A. Fischer-Nagel, 216 S., geb.
DM 49,90

Grüner wohnen
4886-6, von U. Krüger, 144 S., geb., mit Schutzumschlag
DM 49,90

Tiere

Katzen auf natürliche Weise heilen
7314-3, von Dr. med. vet. C. Möller, 128 S., geb.
DM 29,90

Richtige Katzenernährung
1869-X, von H. Wenzel, 96 S., kart.
DM 16,90

Wellensittiche
1813-4 von H. Bielfeld 96 S., kart.
DM 16,90

Alles über Kanarienvögel
0901-1, von H. Schnoor, 64 S., kart.
DM 14,90

Zwergkaninchen
1680-8, von M. Mettler, 96 S., kart.
DM 16,90

Zwerg- und Goldhamster
1734-0, von M. Mettler, 96 S., kart.
DM 16,90

Meerschweinchen
1812-6, von M. Mettler, 96 S., kart.
DM 16,90

Das Süßwasseraquarium
4752-5, von Dr. med. vet. J. Etscheidt, 224 S., geb.
DM 49,90

Terrarium
7313-5, von W. Ullrich, 128 S., geb.
DM 29,90

FALKEN Reihe: Hundebibliothek
Ausstattung: zwischen 80 S. und 112 S., kartoniert
Preis: zwischen **DM 14,90** und **DM 19,90**

1757-X Dalmatiner
1756-1 Dackel
1677-8 Labrador, Retriever
1644-1 Neufundländer und Landseer
1596-8 Boxer
1513-5 Schäferhunde
1514-3 West Highland White Terrier
1808-8 Setter
1866-5 Siberian Husky
1809-6 Hovawart
1990-4 Tibet Terrier
1811-8 Foxterrier
1512-7 Streuner und Tierheimhunde
1604-2 Hundekrankheiten erkennen und behandeln
1991-2 Mit dem Hund in den Urlaub
1810-X Rechtsratgeber für Hundehalter

Das neue Hundebuch
60079-2, von W. Busak,
124 S., kart.
DM 14,90

Erfolgreiche Hundeerziehung
4808-4, von U. Birr,
144 S., geb.
DM 29,90

Reisevideo

FALKEN Reihe: Reisevideos
Ausstattung: VHS, ca. 60 Min. Laufzeit, in Farbe
Preis: **DM 39,95***

FALKEN hat Reisevideos zu über 70 Urlaubszielen in aller Welt von **A** bis **Z**

6249-4 Amsterdam

6226-5 Neuseeland

6206-0 Zypern

ISBN-Bestandteil: 3-8068- / bei Buchnummern, die mit der Ziffer 6 beginnen, lautet der ISBN-Bestandteil: 3-635

BESTELLSCHEIN

Hiermit bestelle ich aus dem Programm der Verlagsgruppe FALKEN, Postfach 11 20, D-65521 Niedernhausen, **durch die Buchhandlung:**

Falls durch besondere Umstände Preisänderungen notwendig werden, erfolgt Auftragserledigung zu dem bei der Lieferung gültigen Preis.
(Soweit gesetzlich nicht anders vorgesehen, ist der Erfüllungsort und Gerichtsstand der jeweilige Sitz der Lieferfirma).

Anzahl	Bestell-Nr.:	Titel	Einzelpreis	Gesamtpreis
			Summe	

zzgl. Porto- und Versandkosten

Name: Straße:

Ort:

Datum: Unterschrift:
(Bei Jugendlichen der gesetzliche Vertreter)

FTB-VV F

Werbemittel-Nr. 99143

FALKEN

Der Spezialist für nützliche Bücher und Videos